ISAAC
LAQUEDEM

PAR

ALEXANDRE DUMAS

V

PARIS
A LA LIBRAIRIE THÉÂTRALE
BOULEVARD SAINT-MARTIN, 12

1853

ISAAC LAQUEDEM.

PARIS. — IMPRIMERIE DE Mme Ve DONDEY-DUPRÉ,
rue Saint-Louis, 46, au Marais.

ISAAC
LAQUEDEM

PAR

ALEXANDRE DUMAS

V

PARIS
A LA LIBRAIRIE THÉATRALE,
BOULEVARD SAINT-MARTIN, 12.

—

1853

ISAAC LAQUEDEM

―

CHAPITRE XXIV.

LES NOCES DE CLINIAS.

Deux heures après, Corinthe tout entière savait la grande nouvelle : Clinias, disciple du philosophe Apollonius de Tyane, épousait la belle Meroë.

La curiosité était d'autant plus excitée, que personne ne savait, ni dans la ville ni aux environs, qui était ni d'où venait la fiancée. Un jour, — il y avait deux mois à peu près de cela, — elle était arrivée à Corinthe par le port de Cenchrées, avec une suite de cinq ou six femmes aux costumes asiatiques, jeunes et belles comme elle. Des coffres de cèdre, de platane et de sandal soigneusement fermés, et que l'on supposait contenir un trésor, avaient été débarqués par quatre esclaves nubiens portant des tuniques blanches que serraient autour de leur corps des écharpes de l'Inde, avec des cercles d'argent aux chevilles, et des colliers d'argent au cou; puis conduits à dos de mulets jusqu'à l'auberge où s'arrêtaient d'habitude les riches voyageurs; et, le lendemain, définitivement déposés à la charmante villa où Clinias s'était réveillé de son évanouissement, — cette villa ayant été achetée par Meroë, et payée six talents d'or, le soir même de son arrivée dans la capitale de la Corinthie.

Quoique la grande quantité d'étrangers venant d'orient et d'occident, qui affluaient à Corinthe par son double port, quoique les mœurs diverses, les religions différentes de ces étrangers donnassent à chacun, dans les actes de sa vie, une somme d'indépendance qu'il eût été difficile de trouver ailleurs, on n'avait pas été sans remarquer la singulière façon dont vivait la riche Phénicienne.

D'abord, aucune femme de la ville n'avait été admise près d'elle; aucun serviteur autre que ceux qu'elle avait amenés avec elle n'avait franchi le seuil de sa maison. En outre, tant que durait le jour, comme l'avait remarqué Clinius, cette maison demeurait hermé-

tiquement fermée aux rayons du soleil;
il est vrai que, le soir venu, à l'instar
de ces fleurs qui ne respirent que les
brises nocturnes, la villa, comme un
calice de marbre, commençait à s'épanouir, et, ouvrant portes et fenêtres,
s'éclairait, s'illuminait, s'embrasait
même, eût-on pu dire, tant s'y allumaient de nombreux flambeaux. La vie,
qui semblait s'en retirer avec l'aube, y
entrait avec le crépuscule; alors, on y
entendait, dans une langue étrangère,
des chants pleins de merveilleuses mélodies; il en sortait des sons d'instruments dont on cherchait vainement le
nom, et qui semblaient appartenir à des
orchestres inconnus; on sentait flotter
dans l'air des vibrations de harpes, de
lyres, de cithares qui portaient le trouble
au fond des cœurs; puis, à cette at-

mosphère toute chargée de voluptueux frémissements, se mêlaient des bouffées de parfums âcres et enivrants. Et, jusqu'au jour, il en était ainsi, à moins que, capricieusement amoureuse de la solitude, la belle Meroë n'abandonnât l'enceinte de son mystérieux domaine, cherchant, portée en litière par ses quatre esclaves noirs, le murmure de la brise à travers les feuilles de la forêt, ou préférant le reflet tremblant de la lune sur les flots, sous sa tente de pourpre, dans sa barque à deux rameurs, ne glissât à la surface argentée du golfe Saronique, ou sur le profond azur de la mer d'Alcyon.

Aussi, nous le répétons, la curiosité de Corinthe tout entière était-elle vivement éveillée.

Quant à Clinias, il avait, en quittant

Apollonius, couru, éperdu d'amour, annoncer cette nouvelle à sa mère; celle-ci avait aussitôt compris que toute observation était inutile; le peu que possédait Clinias était à lui. Elle se contenta de prier Vénus Dioné de protéger le bonheur de l'enfant qui lui était plus cher que la vie.

C'était le soir, quand les dernières lueurs du soleil couchant auraient disparu derrière les montagnes de l'Arcadie, que le cortége nuptial devait sortir de la maison de Meroë. — Dans la journée, l'acte de leur engagement avait été dressé par un officier public sur les notes de la fiancée; elle apportait en dot cent talents d'or, et en reconnaissait dix à son époux; Clinias avait voulu refuser; il avait dit qu'il serait toujours trop riche tant que lui resterait l'amour de la belle Phénicienne, mais il avait fallu céder; — ce qu'il avait fait sans longue discussion, au reste, tous ces détails lui semblant si petits, qu'ils devaient se perdre dans le grand événement qui allait changer la face de sa vie.

A l'heure indiquée, les portes de la maison de Meroë s'ouvrirent, et le cortége se mit en marche pour le temple de Vénus Mélænide, qui s'élevait sur la route de l'Isthme à Cenchrées, près du temple de Diane, au milieu de la levée qui s'avance dans la mer. Il était inutile de traverser Corinthe; on longeait simplement ses murailles en suivant une magnique allée de pins dans les intervalles desquels on comptait cent statues de bronze : c'étaient celles des athlètes qui avaient remporté le prix des jeux isthmiques; — elles avaient été respectées par Mummius lors de la prise de la ville.

Toute la route, qui pouvait être de quinze à dix-huit stades, était complétement garnie de spectateurs, et, comme, pour combattre l'obscurité, la plupart de ces spectateurs avaient apporté des torches, le chemin présentait aux regards le splendide spectcle d'une immense et riche illumination.

Les deux époux parurent les premiers. Clinias était vêtu, selon l'usage, d'un magnifique costume que, dans la journée, avait fait porter chez lui sa fiancée : c'était une tunique blanche toute brodée d'or, et un manteau trempé dans la plus fine pourpre de Tyr; sa chaussure était un brodequin de forme persane fermé avec un lacet d'or.

Meroë portait une longue tunique

blanche de la plus souple étoffe de l'Inde; cette tunique, relevée jusqu'à la moitié de la cuisse droite par une attache de diamants, laissait voir la jambe, qui était d'une forme parfaite ; ses pieds étaient chaussés de sandales nouées autour des chevilles par des fils de perles ; les doigts de ses pieds resplendissaient de bagues précieuses, et un voile couleur de feu — le *flammeum* romain — tombait de sa tête sur ses épaules, laissant voir, à travers son tissu transparent, les perles qui s'enroulaient en triple rang autour de son cou, et les bracelets qui étincelaient à ses poignets et à son épaule.

Tous deux portaient sur leurs cheveux parfumés une couronne de pavots, de sésames et de marjolaines, plantes consacrées à Vénus.

Un char les attendait à la porte, attelé de deux chevaux blancs, conduits par un esclave noir qu'on eût pris pour un roi d'Éthiopie, tant il était lui-même couvert de pierres précieuses!

Les femmes de Meroë et les amis de Clinias suivaient. Parmi ces amis, le fiancé avait inutilement cherché son maître Apollonius; mais il espérait le voir se joindre au cortége pendant la route, ou le trouver chez Meroë à son retour.

L'absence d'Apollonius avait produit un effet tout opposé chez la belle Phénicienne; d'abord, son regard rapide et inquiet avait interrogé le groupe des jeunes Corinthiens, et, voyant qu'Apollonius n'était point parmi eux, elle avait respiré avec plus de liberté, et souri avec plus de joie.

Apollonius n'était pas venu, et probablement, ne viendrait pas.

Au reste, à l'aspect des deux époux, si jeunes et si beaux, toute prévention fâcheuse, si toutefois il en existait, avait disparu. Les Corinthiens étaient, avant tout, les amants passionnés de la forme, et il était impossible de voir, même dans les temples, où les dieux ont leurs statues, même dans l'Olympe, qu'ils habitent, un plus beau couple que celui qui passait. Aussi les jeunes filles effeuillaient-elles des fleurs, et les jeunes gens brûlaient-ils des parfums devant les fiancés.

Et les uns et les autres s'écriaient :

— Ce ne sont point de simples mortels; c'est Bacchus et Hébé, c'est Apollon et Clythie, c'est Vénus et Adonis !

D'autres ajoutaient :

— L'union sera favorable, nous l'espérons; car on a vu, ce matin, deux tourterelles se reposer sur le platane qui ombrage la porte de Clinias.

Et d'autres disaient encore :

— Prenez garde, prenez garde, vous qui marchez devant! prenez garde que, du haut d'un arbre élevé, quelque corneille solitaire ne croasse à leur gauche! Prenez garde aussi que le hibou aux yeux ronds ne leur jette au passage un de ses regards funèbres, ou que quelque chouette effarée ne les salue de son cri nocturne!

Et le plus grand nombre chantait l'hymne du mariage.

« Habitant de la colline Hélicon, fils de la Vénus Uranie, frère de l'Amour, Hymeneus, toi qui, pour voir celle que tu aimais, te glissas, sous des habits de femme, dans un groupe de jeunes filles athéniennes, — ô Hymeneus! Hymen, Hymen, Hymeneus!

» Toi qui, pris avec ces jeunes filles par une bande de pirates, et leur inspirant un courage d'hommes, parvins, grâce à leur secours, à tuer tes ravisseurs, et qui rendis à leur patrie les plus belles vierges de l'Attique, — ô Hymeneus! Hymen, Hymen, Hymeneus!

» Toi qui, pour récompense, obtins, alors, d'épouser celle que tu aimais, et qui, devenu un dieu pour les Grecs reconnaissants, ne vois pas se célébrer un mariage, de la pointe de Malée au mont Orbèle, et du promontoire de Phalasie au détroit de Leucade, sans que les nouveaux époux rappellent ta mémoire, et glorifient ton nom, — ô Hymeneus! Hymen, Hymen, Hymeneus!

« Toi qui entraînes vers son époux la jeune fille rougissante, viens, dieu charmant ! accours le front ceint de la marjolaine odorante, et le pied chaussé du brodequin couleur de feu ; — ô Hymeneus ! Hymen, Hymen, Hymeneus !

» Viens ! accours ! mêle ta douce voix aux chants joyeux ; effeuille des fleurs, répands des parfums avec nous ; secoue avec nous le pin enflammé qui brûle en pétillant, — ô Hymeneus ! Hymen, Hymen, Hymeneus !

» Conduis au temple, puis ramène à sa demeure la belle fiancée ; qu'à partir d'aujourd'hui, l'amour l'enlace à son époux comme le lierre enlace son feuillage flexible autour du tronc robuste de l'ormeau, — ô Hymeneus ! Hymen, Hymen, Hymeneus ! »

Et tous répétaient en chœur :

« Et nous, jeunes vierges, et nous, jeunes garçons, qui verrons naître pour nous une pareille journée, répétons ensemble l'hymne que Simonide de Céos a composé en ton honneur, — ô Hyméneus! Hymen, Hymen, Hyméneus! »

On arriva ainsi au temple de Vénus Mélænide, à la porte duquel trois autels avaient été dressés :

Un à Diane, un à Minerve, un à Jupiter et à Junon.

A Diane et à Minerve, parce que ce sont de chastes divinités qui n'ont jamais connu le joug de l'hymen ; — en conséquence, pour les apaiser, on leur sacrifiait à chacune une génisse.

A Jupiter et à Junon, au contraire, parce que, à part les petites querelles inséparables d'une éternelle cohabitation, leurs amours, qui avaient eu un commencement, ne devaient pas avoir de fin.

On implorait encore, mais sans leur élever d'autels particuliers, le Ciel et la Terre, dont le concours produit l'abondance et la fertilité; les parques, qui tiennent dans leurs mains la vie des hommes, et les grâces, qui embellissent les jours des époux heureux.

Sur le seuil du temple de Vénus, un prêtre de la déesse présenta à chacun des fiancés une branche de lierre, symbole des liens qui ne devaient être rompus que par la mort; puis l'on chanta des hymnes devant l'autel; puis l'on passa à l'*artemisium*, où Clinias et Meroë déposèrent chacun une boucle de leurs cheveux : celle de Clinias roulée autour d'une branche de myrte en fleur, celle de Meroë autour d'un fuseau; puis on entra dans le temple, où les prêtres, ayant examiné les entrailles des victimes, déclarèrent que les dieux approuvaient l'hymen du jeune Corinthien avec la belle Phénicienne.

Le mariage était consacré; — les deux époux sortirent les premiers du temple, comme les premiers ils étaient sortis de leur maison; seulement, à la porte du temple, les attendait un double groupe de musiciens et de danseurs.

Et l'on reprit la marche : d'abord les porte-flambeaux, puis les musiciens, puis les danseurs, puis Clinias et Meroë sur leur char, l'un radieux d'amour, l'autre éblouissante de beauté; puis les amis et les invités, puis le peuple de Corinthe tout entier.

Les deux époux, en sortant du temple, jetèrent tous deux un long regard sur la foule : regard de reproche de la part de Clinias, qui cherchait Apollonius, et ne le trouvait pas; regard d'inquiétude de la part de Meroë, qui cherchait Apollonius, et qui craignait de le trouver.

En l'absence de Clinias et de Meroë, la maison de l'épouse avait été, par le soin des esclaves, décorée de guirlandes, et illuminée; des tapis de Smyrne et d'Alexandrie étaient déroulés de la porte extérieure au seuil de la maison, et permettaient de traverser toute la cour sans que les pieds des jeunes époux ni ceux des convives touchassent le sol; le seuil disparaissait sous les fleurs, et sur des fleurs, on arrivait jusqu'à la salle du festin, jonchée elle-même de fleurs.

Clinias et Meroë s'arrêtèrent un instant au seuil : on plaça sur leurs têtes une corbeille de fruits, présage de l'abondance dont ils devaient jouir ; puis deux poëtes leur récitèrent chacun un épithalame, et l'on pénétra dans la salle du festin.

C'était là que se trouvaient ceux des conviés qui n'avaient pas accompagné les époux au temple de Vénus, ou qui ne les avaient pas attendus à la sortie ; c'était là que Clinias espérait voir Apollonius ; c'était là que Meroë craignait de le rencontrer.

Apollonius était absent.

Un dernier nuage, à peine visible au reste, et que les yeux d'un amant pouvaient seuls distinguer, s'effaça du front de la belle Phénicienne.

Elle prit joyeusement la main de son

jeune époux, et le conduisit sur l'espèce de trône qui avait été élevé au milieu de la table, disposée en fer à cheval. Tous deux s'assirent sur des peaux de panthères aux ongles d'or, aux yeux de rubis, aux dents de perle.

Les autres convives se placèrent à leur fantaisie.

Cette salle était ravissante de goût; on eût dit que Mnésiclès, l'architecte des propylées, avait lui-même présidé à son embellissement.

C'était un carré long dont les murailles étaient de marbre blanc, et dont la voûte, ouverte au milieu, mais fermée momentanément par un velarium de pourpre brodé d'or, était soutenue par vingt-quatre colonnes ; ces colonnes d'ordre ionique, et de marbre blanc, comme la muraille, étaient peintes jusqu'au tiers de leur hauteur; ces peintures, rappelées aux chapiteaux, représentaient des fleurs dont il semblait que le calice vint de s'ouvrir, des oiseaux et des papillons aux ailes de nacre, de pourpre et d'azur, dont le plumage éclatait des plus vives couleurs. De place en place, de légères touches d'or brillaient comme les étincelles d'un foyer à moitié éteint, ou comme ces insectes nocturnes qui, à chaque battement de leur aile, font jaillir une flamme. Les murailles étaient divisées en compartiments au centre desquels les premiers artistes du temps avaient peint les paysages célèbres de la Grèce : Delphes et son temple, Athènes et son parthénon, Sparte et sa citadelle, Dodone et sa forêt. Une chasse où des Amours montés sur des chars traînés par des licornes poursuivaient, aux abois d'une meute de molosses, une troupe de daims, de cerfs, de chevreuils, de loups et de sangliers, courait tout le long de la frise, laquelle servait de lien entre la muraille et un plafond figurant une voûte de feuillage peuplée des plus riches oiseaux de l'Inde et du Phase. Enfin, le pavé était formé d'une mosaïque que l'on attribuait à Hermogènes de Cythère, et représentant cette ravissante fable de Pyrame et Thisbé, qui a donné naissance à la non moins ravissante histoire de Romeo et Juliette.

A peine les convives eurent-ils pris leurs places sur des lits aux couvertures et aux oreillers de pourpre, qu'une fine pluie de parfums, tamisée par le velarium du plafond, tomba sur les convives en gouttelettes imperceptibles, et, cela, en même temps que de jeunes filles et de jeunes garçons apportaient à chaque convive deux couronnes : une grande, l'autre plus petite; la grande pour la passer autour du cou, la petite pour la poser sur la tête; ces couronnes étaient de myrte, de lierre, de lys, de roses, de violettes, de safran ou de nard; mais, invariablement, entre les feuilles et les fleurs, se tordait une branche d'ache, plante préservatrice de l'ivresse.

Ce repas eût fait honte aux repas des deux gourmands contemporains dont l'histoire nous a conservé les noms : Octavius et Gabius Apicius. Outre les vins grecs de Chypre et de Samos; outre le vieux falerne consulaire dont parle Tibulle, et qui datait de l'an 632 de Rome, outre ce breuvage nommé *mulsum* que l'on composait avec du vin de

Corinthe dans lequel on faisait fondre du miel de l'Hymette, et infuser du nard et des roses ; outre tous ces vins, disons-nous, qui, selon qu'on devait les boire chauds ou froids, s'attiédissaient dans l'eau chaude ou se glaçaient dans la neige, les trois parties du monde semblaient avoir été mises à contribution pour fournir les viandes, les poissons et les fruits qui composaient ce repas.

En effet, avec une rapidité qui tenait de la magie, ou qui indiquait combien les magasins de Corinthe étaient richement approvisionnés sous le rapport de la table, Meroë s'était procuré des paons de Samos, des francolins de Phrygie, des faisans du Phase, des grues de Melos, des chevreaux d'Ambracie, des thons de Chalcédoine, des esturgeons de

Rhodes, des huîtres de Tarente, des pétoncles de Chios, des jambons de la Gaule, des escargots d'Afrique, des noix de Thasos, des avelines d'Ibérie, et des dattes de Syrie.

Le souper commença; les deux époux présidaient le magnifique festin. Fou d'amour, éperdu de bonheur, Clinias mangeait au hasard et sans s'inquiéter de ce que lui servaient les esclaves noirs, regardant Meroë comme s'il eût voulu la dévorer des yeux.

Mais elle, grave, presque triste, pâle d'une pâleur de marbre, souriait distraitement sans toucher à aucun des mets qu'on lui présentait; seulement, dans un verre d'une forme charmante, et qui représentait une tulipe, on lui avait servi, d'une petite urne d'or, un vin particulier qui avait la couleur du sang et l'épaisseur du sirop ; de temps en temps, elle portait la coupe d'opale à ses lèvres, et avalait, avec une volupté étrange, quelques gouttes du breuvage inconnu, et, à mesure qu'elle buvait, ses joues reprenaient cette transparente fraîcheur que donnerait extérieurement à une urne d'albâtre un vin couleur de pourpre versé dans cette urne.

Alors, elle commença à abandonner à Clinias sa blanche main, jusqu'à laquelle semblait s'étendre une légère vapeur rose ; cette main, que lorsqu'il l'avait touchée par surprise, — car Meroë l'écartait avec soin, — Clinias avait trouvée froide comme celle d'une statue couchée sur une tombe, cette main tiédissait peu à peu, et serrait, par secousses et presque convulsivement, celle du jeune homme ; on eût dit que Meroë vivait dans

l'attente de quelque événement terrible
et prévu par elle seule, ou plutôt que,
dans l'attente de cet événement, elle
n'osait pas vivre. En outre, quoi que lui
dit Clinias, ou quoi qu'elle lui répon-
dît, Meroë ne détournait pas son regard
de la porte, comme si, d'un moment à
l'autre, par cette porte, eût dû entrer
quelque formidable apparition.

Le repas s'écoula ainsi, au milieu des
rires et des propos joyeux des convives.
A minuit, selon l'habitude, les nouveaux
époux devaient passer dans la chambre
nuptiale.

A minuit moins quelques minutes,
une longue file de jeunes vierges que,
même dans les autres parties de la Grèce,
on appelait la *théorie de Corinthe*, entra
dans la salle. Lorsque, pour lui donner
passage, la tapisserie qui pendait devant

la porte de cèdre fit grincer ses anneaux d'or sur sa tringle de cuivre, Meroë pâlit, et serrant avec terreur la main de Clinias, ne retrouva la voix qu'en apercevant les deux premières jeunes filles vêtues de blanc, et tenant une branche d'aubépine à la main.

La théorie se divisa en deux files qui s'écoulèrent entre les colonnes et la muraille, enfermant la table, les convives et les esclaves servants, de leur cercle virginal.

Puis, accompagnées par des instruments invisibles, elles se mirent à chanter :

« Nous sommes au printemps de notre âge, nous sommes l'élite des filles de Corinthe, si renommées pour leur beauté... Et, cependant, ô Meroë! il n'est aucune de nous dont la beauté ne cède à la vôtre !

» Plus légère que le coursier de Thessalie, plus flexible que le roseau de Sicile, plus gracieuse que le cygne de l'Ilissus, vous êtes, à nous autres jeunes filles, ô Meroë! ce que, dans un jardin aimé de Flore, le lys est aux autres fleurs.

» Tous les amours, ô Meroë! sont dans vos yeux; tous les arts sont dans vos doigts : vous maniez avec une égale adresse le pinceau d'Apelles et l'aiguille d'Arachné... Reine des femmes, nous irons demain dans la prairie, et nous vous en rapporterons une couronne de fleurs.

» Puis nous la suspendrons au plus beau des platanes de votre jardin ; sous son feuillage, nous répandrons des par-

fums en votre honneur, et, sur son écorce argentée, nous graverons ces mots : « Mortels, offrez-moi votre en-
» cens ; je suis l'arbre de Meroë ! »

« Salut à vous, heureuse épouse ! salut à toi, heureux époux ! Puisse Latone, mère de Diane et d'Apollon ; puisse Junon Lucine, qui préside aux naissances, vous donner, ô Clinias ! ô Meroë ! des fils qui vous ressemblent !

» Et, maintenant, l'heure est venue : allez vous reposer dans le sein des plaisirs ; ne respirez plus que l'amour et le bonheur... Demain, au lever de l'aurore, nous reviendrons et nous chanterons une dernière fois : « Hymeneus ! Hymen,
» Hymen, Hymeneus ! »

Les jeunes vierges se turent ; alors, Clinias et Meroë se levèrent ; alors, tous les convives se levèrent comme eux, et jetèrent leurs couronnes sur le chemin qu'ils allaient parcourir.

Et, doucement, Clinias tira à lui la belle Phénicienne en lui disant :

— O Méroë! l'heure est venue où la femme la plus chaste et la plus sévère n'a rien à refuser à son époux... Viens, Méroë! viens!

Mais il l'appelait vainement, mais il l'attirait vainement à lui : les pieds de Méroë paraissaient avoir pris racine en terre comme ceux de la nymphe Daphné, maîtresse d'Apollon.

Clinias jeta les yeux sur la belle Phénicienne : il la vit pâle, frissonnante, les dents serrées et mises à nu par la crispation de ses lèvres ; elle se cramponnait à lui de sa main gauche, tandis que sa main droite, étendue vers la porte, semblait montrer du doigt cette vision si longtemps attendue, et qui paraissait enfin.

Le jeune Corinthien suivit du regard la ligne indiquée par les yeux, par la main, par le doigt de Meroë, et, à l'autre extrémité de la salle, dans la pénombre de la porte, écartant la tapisserie avec son bras, il reconnut Apollonius de Tyane, et, derrière lui, la tête pâle et sombre du Juif.

C'était évidemment cette apparition qui causait le trouble de Meroë. Que pouvait-elle avoir à craindre d'Apollonius de Tyane, dont elle ne lui avait pas dit un mot, et qui, de son côté, ne lui avait point parlé d'elle?

Et, cependant, quand elle vit Apollonius entrer dans la salle, et se diriger vers elle, de pâle qu'elle était, Meroë devint livide, son sein se souleva haletant, et Clinias la sentit près de glisser entre ses bras.

A mesure qu'Apollonius approchait, elle tirait Clinias en arrière, et, d'une voix étouffée, sans songer que, évidemment, la force lui manquerait pour faire seulement dix pas, elle murmurait :

— Viens! viens!... Fuyons!

Mais, comme si Apollonius eût eu le pouvoir de commander aux mouvements de cette femme, il étendit vers elle sa main ouverte, et la Phénicienne demeura immobile.

Le Juif était entré derrière l'illustre philosophe; mais il était resté près de la porte, et se tenait debout, adossé à la muraille, une jambe croisée sur l'autre.

Apollonius continuait d'avancer.

— Maître, disait Clinias, que voulez-vous? que demandez vous? et que vous a donc fait Meroë, que vous paraissez la menacer, et qu'elle paraît vous craindre?

Mais Apollonius, sans répondre à Clinias :

— Femme, dit-il, tu me connais, n'est-ce pas, et tu sais que je te connais?

— Oui, répondit Meroë d'une voix sourde.

— Eh bien, annonce la première, et de toi-même, à ce jeune homme qu'il ne peut rien y avoir de commun entre toi et lui.

— Que dites-vous, maître? s'écria Clinias; elle est ma femme; je suis son époux... Un lien indissoluble nous a unis dans le temple de Vénus!

— Femme, continua Apollonius, dis donc à ce pauvre insensé que tout ce qu'il croit une réalité n'est qu'un songe, et que tu vas lui faire tes adieux pour ne le revoir jamais!

Une expression de profonde douleur passa sur le visage de Meroë; celui de Clinias n'exprimait encore que l'étonnement.

— Mais ne l'entends-tu pas, Meroë? s'écria-t-il, n'entends-tu pas qu'il dit que tu vas me quitter?... Réponds-lui donc que c'est impossible; réponds-lui que tu m'aimes; que tu m'as choisi parmi de plus riches et de plus beaux, parce que tu m'aimes... Ce n'est pas à moi qu'il parle; tu le vois bien; ce n'est pas à moi qu'il s'adresse... Moi, je ne sais que lui répondre!

— C'est justement parce qu'elle t'aime qu'elle doit te quitter, car son amour est mortel... Allons, femme, ajouta Apollonius d'un ton menaçant, retourne d'où tu viens; quitte à l'instant cette maison; abandonne sur l'heure ce jeune homme, et je te garderai le secret, mais pars! pars sans perdre une minute! pars, je te l'ordonne! pars, je le veux!

Un combat terrible semblait se livrer dans le cœur de la Phénicienne ; il était évident qu'elle était forcée d'obéir à Apollonius, soit qu'il fût maître de quelqu'un de ces secrets terribles avec lesquels un homme force la volonté des autres hommes, soit qu'il eût, dans quelque art inconnu du vulgaire, mais qui leur était familier à tous deux, acquis un pouvoir supérieur au sien.

Mais, tout à coup, Meroë parut prendre une résolution désespérée.

— Non, jamais! s'écria-t-elle les yeux pleins d'éclairs.

Et, soufflant, comme une cavale, la flamme de son cœur par ses narines dilatées, elle jeta autour du cou de Clinias ses bras, roides et froids comme une chaîne de marbre.

Apollonius la regarda un instant, le sourcil froncé, pour voir si la menace de ses yeux ferait plus que la menace de sa bouche; puis, voyant que Meroë, serrant de plus en plus Clinias entre ses bras, continuait de braver sa puissance :

— Allons, dit-il, il faut en finir !

Alors, étendant la main, il prononça à voix basse les mêmes paroles avec lesquelles, à Athènes, quelques mois auparavant, il avait délivré du démon un jeune homme de Corcyre, descendant du Phéacien Alcinoüs, qui avait si bien accueilli Ulysse, à son retour du siége de Troie.

A peine ces paroles furent-elles prononcées que Meroë poussa un cri comme si elle eût été frappée au cœur. En effet, à l'instant même, tous ces prestiges de jeunesse et de beauté qui l'entouraient disparurent; ces teintes rosées qu'avait fait monter à ses yeux la liqueur magique qu'elle avait bue l'abandonnèrent pour faire place à une couleur terreuse; son front se rilla; ses beaux cheveux noirs grisonnèrent; le corail de ses lèvres pâlit; le double rang de perles de ses dents s'effila; et Clinias ne vit plus suspendue à son cou qu'une vieille femme hideuse et décharnée.

Il poussa un cri d'effroi qui se perdit au milieu des cris que poussèrent les spectateurs.

Puis, par un effort subit, dénouant

avec violence le lien que les bras de la fausse Meroë formaient autour de son cou :

— Arrière! magicienne! cria-t-il, arrière!

Et, pâle, les cheveux hérissés, la sueur au front, il s'élança hors de la salle, suivi des convives épouvantés.

Apollonius resta seul au milieu des flambeaux pâlissants avec le Juif, qui s'était rapproché peu à peu de lui, et la magicienne, qui se roulait désespérée sur le pavé couvert de fleurs.

— Voilà le visage! voilà la réalité! dit-il.

Puis, s'adressant à la fausse Meroë :

— Allons, continua-t-il, de même que tu as repris ta vraie forme, reprends ton véritable nom... Lève-toi, Canidie, et écoute ce que je vais te dire.

La magicienne eût bien voulu résister; mais un pouvoir supérieur au sien la contraignit d'obéir. Elle se souleva sur un genou, les yeux encore mouillés des larmes du désespoir, la bouche grinçante, les mains enfoncées dans ses cheveux.

— Ordonne donc, dit-elle, puisque tu as le droit d'ordonner.

— C'est bien, reprit Apollonius, pars la première; va nous attendre en Thessalie, dans la campagne qui s'étend entre le mont Phyllius et le Pénée... Rassemble, là, pour la nuit de la pleine lune prochaine, sorcières, démons, larves, lamies, empuses, centaures, sphinx, chimères, tous les monstres enfin qui prennent part aux incantations nocturnes... Nous avons besoin, pour une œuvre immense, de toutes les ressources de la magie, ces ressources fussent-elles empruntées à l'enfer!

— Je pars, répondit Canidie.

— Soit; mais, afin d'être plus sûr de ton obéissance, je veux te voir partir, dit Apollonius.

— Alors, viens!

Apollonius et le Juif suivirent la magicienne, qui, sortant de la salle du festin, les conduisit dans une espèce de laboratoire éclairé par une petite fenêtre sans vitre ni volet, et dont l'ouverture laissait passer un rayon de lune, seul flambeau de cette sombre et mystérieuse retraite, qui servait à Canidie pour ses enchantements.

Apollonius et son compagnon se tinrent à la porte.

— Regarde! dit le philosophe au Juif.

Isaac n'avait pas besoin de cette recommandation : il commençait à comprendre combien cet homme allait lui être un puissant auxiliaire dans l'œuvre surhumaine qu'il entreprenait; les yeux de son corps et de son intelligence étaient donc fixés sur la magicienne.

Canidie, dans le coin le plus reculé de son cabinet magique, alluma d'abord une petite lampe dont la flamme rouge contrastait avec le rayon bleuâtre de la lune; à cette lampe, elle brûla, en murmurant quelques paroles inintelligibles, une boule de la grosseur d'un pois qui répandit à l'instant même une forte odeur d'encens. Ensuite, elle ouvrit un coffre d'airain dans lequel était renfermée une quantité de fioles de diverses formes pleines de liqueurs de couleurs différentes, en choisit une contenant une espèce d'huile ayant presque la consistance d'un onguent; puis, laissant tomber ses vêtements, elle frotta, depuis les pieds jusqu'à la tête, son corps décharné avec cette huile, en commençant par le bout des ongles; — et, à mesure qu'elle se frottait, son corps diminuait et se couvrait de plumes; des serres lui poussaient au lieu de mains; son nez se recourbait et devenait un bec; ses yeux s'arrondissaient, et, de leurs prunelles jaunes, lançaient une double flamme. Enfin, elle devint, en quelques minutes, de femme oiseau, et, se sentant suffisamment empennée, elle battit des ailes, poussa le cri lugubre dont l'orfraie fait retentir les ruines, et disparut par la fenêtre.

— Maintenant, dit Apollonius, je

suis tranquille; voilà notre messager parti : nous trouverons chacun à son poste.

— Et, nous-mêmes, quand partirons-nous? demanda le Juif.

— Demain, répondit Apollonius.

CHAPITRE XXV.

LE VOYAGE

Apollonius employa la matinée du lendemain à consoler Clinias, et à prendre congé de ses disciples ; puis, vers une heure de l'après-midi, les voyageurs descendirent dans une petite barque dont le patron s'engageait à les conduire le même soir au petit village d'Egosthènes, où ils comptaient passer la nuit, afin d'être prêts, le lendemain, au point du jour, à franchir les gorges du Cithéron.

Pour un homme qui n'eût point été fatigué de voyages, comme l'était déjà le compagnon d'Apollonius, c'eût été une belle chose que cette petite traversée, coupant, à son extrémité orientale, la mer d'Alcyon dans toute sa largeur, et ne s'éloignant jamais assez de la plage pour qu'on pût perdre de vue ces côtes merveilleuses de l'Isthme, tout ombragées de pins, de cyprès et de platanes au milieu desquels on voyait blanchir le temple de Neptune, à qui l'Isthme était particulièrement consacré; le temple de Diane, qui renfermait la statue en bois de cette déesse, c'est-à-dire un des plus anciens monuments de l'art, attribué au sculpteur Dédale, qui vivait du temps de Minos, et qui, le premier, marqua les yeux des statues, et détacha de leur corps les jambes et les bras ; le stade, où se célébraient les jeux isthmiques institués par Sisyphe en l'honneur de Melicerte fils d'Ino; et, enfin, l'amphithéâtre. — Vers deux heures, la petite barque doublait le promontoire d'Olmies, à la pointe duquel viennent s'abaisser les dernières croupes du mont Géranien; à cinq heures du soir, elle longeait la petite ville de Pagœ, mirant coquettement ses maisons, perdues au milieu des rameaux de la vigne, dans le flot bleu qui vient baigner le pied de leurs murailles; enfin, à la nuit tombante, selon l'engagement pris, on débarquait sur le rivage d'Égosthènes, à deux stades de la ville.

On était passé de la Corinthie dans la Mégaride.

Le lendemain, au point du jour, les deux voyageurs se remirent en route. Ils avaient devant eux le versant méridional du Cithéron, dont les mamelons, bas et onduleux à mesure qu'ils descendaient vers les côtes, s'élevaient et s'escarpaient en s'enfonçant au nord-est, c'est-à-dire vers le détroit d'Eubée; et, à leur gauche, au nord-ouest, dans la vapeur matinale, ils apercevaient la cime verdoyante de l'Hélicon. — Plutarque, âgé de seize ans, et qui étudiait alors à Delphes, recueillit, au milieu de leurs rochers mêmes, l'histoire de ces deux montagnes, poétiques légendes qu'il devait raconter plus tard.

Hélicon et Cithéron étaient deux frères, mais différents de mœurs, opposés de caractère. Le premier était doux, généreux, plein d'amour pour ses parents, dont il soutenait la vieillesse; le second, au contraire, dur et avare, cherchait à s'approprier la fortune de la famille. Un jour, il annonça à son frère que leur père était mort pendant la nuit; et, comme Hélicon le regardait avec terreur en murmurant le nom de parricide, il le prit à bras-le-corps, et tenta de le précipiter dans un abîme; mais la victime, s'attachant au meurtrier, l'entraîna dans sa chute : tous deux roulèrent de rocher en rocher, et arrivèrent brisés au fond du gouffre... Jupiter, alors, les changea en deux montagnes qui portent leurs noms. Le sombre et sauvage Cithéron, à cause de son double crime, — parricide et fratricide, — devint le séjour des furies; Hélicon, doux et tendre de cœur, élevé et poétique d'esprit, fut la retraite favorite des muses.

Et, en effet, encore aujourd'hui, comme pour donner créance à cette tradition, les deux montagnes conservent un aspect opposé. Rien de plus riant, de plus frais, de plus ombreux, de plus aimé de l'éther, qui la baigne de son azur fluide, du soleil, qui la baise de ses rayons dorés, que la montagne favorite des muses. Des groupes de chênes ondoyants comme des panaches gigantesques la couronnent, et frémissent, en s'inclinant à chaque souffle du vent; les collines qui surgissent à ses vastes flancs, les vallons qui serpentent à ses pieds, sont tapissés d'oliviers, de myrtes et d'amandiers, tandis que partout où une source, un ruisseau, une fontaine jaillit du sol, que cette source se nomme l'Aganippe, que ce ruisseau se nomme le Permesse, que cette fontaine se nomme l'Hippocrène, elle descend et bondit, en brillantes cascades, entre une double haie d'oléandres et de lauriers-roses.

C'est sur l'Hélicon qu'était né Hésiode, le rival d'Homère, et que l'on montrait une copie de ses œuvres, écrite tout entière de la main de l'auteur de la *Théogonie* et des *Travaux et des jours*. C'est sur l'Hélicon que l'on conservait encore, au siècle des Antonins, les statues des neuf muses sculptées par trois artistes différents ; un groupe d'Apollon et Mercure se disputant le prix du chant; une statue de Bacchus, chef-d'œuvre de Myron; celle de Linus; celle de Thamyris touchant une lyre brisée; celle d'Arion sur son dauphin ; celle d'Hésiode tenant sa harpe sur ses genoux, et celle d'Orphée environné des animaux qu'il apprivoisait par ses chants. C'est sur l'Hélicon, enfin, que poussaient ces fruits à la douceur exquise, dont parle Pausanias, et ces plantes si salutaires, qu'à glisser seulement entre leurs tiges, les serpents perdaient leur venin.

Le Cithéron, dont nos voyageurs gravissaient la pente méridionale, présentait, comme nous l'avons dit, un aspect tout différent : c'était une montagne brumeuse, sauvage, inhospitalière, consacrée à Erinnis, et retentissant, chaque nuit, des cris frénétiques des bacchantes. Tout ce qui s'était passé sur cette montagne terrible avait quelque chose de fatal, comme l'aspect même de la montagne. C'est sur le Cithéron, à l'ombre des pins noirs et des sombres cyprès qui couronnent ses pics aigus, que Penthée, roi des Thébains, ayant eu l'imprudence de monter sur un arbre pour épier les mystérieuses orgies des bacchantes, fut découvert et mis en pièces par sa mère Agavé, et par ses tantes Ino et Antonoë, qui, aveuglées par Bacchus, croyaient voir en lui un jeune taureau. C'est sur le Cithéron que le malheureux fils d'Aristée, fatigué de la chasse, et mourant de soif, vint pour se désaltérer, à une fontaine où se baignait Diane, laquelle, jalouse de l'outrage involontaire fait à sa pudeur, changea Actéon en cerf, et lâcha sur lui ses propres chiens, qui le dévorèrent. C'est sur le Cithéron qu'OEdipe, condamné par l'oracle, exposé par l'ordre de Laïus, son père, fut retrouvé par le berger Phorbas. C'est sur le Cithéron, enfin, à l'endroit même où, d'une hauteur de quatre mille pieds, la montagne domine l'emplacement de l'ancienne Platée, que s'élevait l'autel de Jupiter Cithéronien, auquel les quatorze cités de la confédération béotienne apportaient, tous les soixante ans, à la fête des Dédalia, quatorze statues de chêne qui étaient brûlées sur un autel de bois.

Arrivés à cette plate-forme, les deux voyageurs s'arrêtèrent; ils avaient sous leurs pieds les sources de l'Asope, et, à travers la plaine mémorable de Platée, ils voyaient serpenter le fleuve, qui, foudroyé par Jupiter, séducteur de sa fille, pour avoir enflé son cours et désolé le pays, roule du charbon avec ses eaux.

Ce n'était point l'histoire de ces vieilles traditions héroïques que venait

chercher le Juif dans les champs de la
Béotie; car, en ce cas, au lieu de descendre par le rapide défilé des Dryoscéphales, il se fût arrêté sur le plateau
d'où la vue s'étendait jusqu'au lac Hylica, situé à vingt-cinq stades au delà
de Thèbes, et se fût fait raconter par
son savant compagnon tous les détails
de cette terrible journée où, sur trois
cent mille hommes, les Perses en perdirent deux cent soixante mille. De cette
hauteur, il eût vu la place où Masistous
tomba au commencement de la bataille,
et Mardonius, à la fin; il eût pu suivre
Artabase fuyant, avec ses quarante mille
hommes, sur le chemin de la Phocide,
tandis que Pausanias et Aristide, faisant
ramasser le butin sur le champ de bataille, en consacraient la dixième partie
à Apollon Delphien, et, jugeant que ce

n'était pas une occupation à donner à des hommes libres, laissaient la garde du reste, estimé quatre cents talents, c'est-à-dire plus de deux millions de notre monnaie, aux cinquante mille esclaves que les Lacédémoniens leur avaient envoyés.

Mais le Juif ne s'inquiéta point de cette grande lutte de l'Orient contre l'Occident, dans laquelle Xerxès essayait de venger Troie; et après avoir donné à Apollonius un quart d'heure pour se reposer, l'infatigable marcheur reprit son chemin, et, comme nous l'avons dit, gagnant les sources de l'Asope, descendit vers la plaine par ce défilé que les Béotiens appellent les *Trois Têtes*, et les Athéniens la *Tête de Chêne*.

Malgré la fatigue qu'avaient dû éprouver les voyageurs, ils ne s'arrêtèrent à

Platée que le temps de prendre leur repas, et poursuivirent leur route vers Thèbes, où ils arrivèrent à la nuit tombante. Avec les montées, les descentes, les tours et les détours du Cithéron, ils avaient fait dans la journée à peu près quatorze de nos lieues.

Thèbes était encore, à cette époque, une ville méritant qu'on s'y arrêtât, non-seulement à cause de ses souvenirs, mais même à cause de son importance présente. Et, cependant, les beaux jours de la ville aux cent portes étaient passés : sur elle avaient régné Cadmus, Labdacus, Laïus, OEdipe, Étéocle et Polynice; contre elle avaient eu lieu la guerre des sept chefs, immortalisée par Eschyle, et celle des Épigones, qui n'eut pas le bonheur d'avoir son poëte et resta dans la demi-obscurité de l'histoire. —

Amphion, Pindare, Épaminondas, étaient de Thèbes. — Alexandre la détruisit de fond en comble, pour la punir de s'être révoltée contre lui, et, de la capitale de la confédération béotienne, ne laissa debout que la maison du chantre des *Olympiques*.

Et, cependant, comme devaient plus tard le faire Athènes et Corinthe, ses sœurs, Thèbes était sortie de ses ruines; puis elle avait été prise dans ce vaste filet de conquêtes que Rome jetait sur le monde : il en résultait qu'une partie de la population était italienne, et que, de même qu'on entendait, à chaque instant, parler grec dans les rues de Rome, de même, dans les rues de Thèbes, à chaque instant, on entendait parler latin.

Le lendemain, à la même heure que

la veille, les voyageurs se remirent en route; au bout d'une heure et demie de marche, ils avaient atteint le lac Hylica; puis ils avaient, en le côtoyant, traversé le Schœnus; laissé à leur droite le mont Hypate, à leur gauche la ville d'Acrœphia; et, deux autres heures écoulées, ils s'arrêtaient sur les degrés du temple d'Apollon, d'où ils embrassaient, dans toute son étendue, le lac Copaïs, ce grand *impluvium* de la Béotie, qui avait seul le privilége de fournir au reste de la Grèce les roseaux harmonieux avec lesquels les joueurs de flûte soutenaient leurs luttes musicales, à Orchomène, dans les fêtes des grâces, à Libethra, dans les fêtes des muses, et à Thespis, dans les fêtes de l'Amour.

La nuit surprit les voyageurs à Copœ; mais le jour les retrouva traversant le

Platanius pour se rendre à Oponte. Le royaume d'Ajax, fils d'Oïlée, la patrie de Patrocle, ami d'Achille, ne les retint qu'une heure ; puis, vers le milieu du jour, ils se remirent en route, côtoyant la mer d'Eubée, traversant Thronium, voyant grandir, à leur gauche le mont Œta, du sommet duquel Hercule, dans un nuage de feu, monta vers l'Olympe, et se resserrer devant eux le défilé des Thermopyles.

En sortant de Thronium, le chemin s'était croisé plusieurs fois avec le Boagrius ; la route et le fleuve semblaient deux serpents qui, luttant l'un contre l'autre, se fussent étreints de leurs replis, jusqu'à ce que le fleuve, en formant le port de Tarphe, allât se jeter dans le golfe Maliaque, et que la route, continuant de longer la mer, se trouvât, un peu au-dessous de la pierre d'Hercule, rétrécie au point qu'un char pouvait à peine y passer.

C'était là que, quatre siècles auparavant, Léonidas, ayant campé avec ses trois cents Spartiates et ses sept cents Lacédémoniens, fut rejoint par mille soldats de Milet, quatre cents de Thèbes, mille de Locres, et autant de la Phocide.

Cela faisait au roi de Sparte sept mille quatre cents hommes à peu près. — Qu'attendait-il là? Xerxès, un million de Perses, et deux cent mille auxiliaires!

Xerxès avait une terrible revanche à prendre au nom de son père Darius. Aussi avait-il dit : « Je traverserai les mers, je raserai les villes coupables, et j'emmènerai leurs citoyens captifs! »

Alors, il avait fait un appel aux peuples de l'Asie, de l'Afrique et de l'Europe.

Il avait levé neuf cent mille soldats dans son royaume;

Carthage lui avait envoyé cent mille Gaulois et Italiens;

La Macédoine, la Béotie, l'Argolide et la Thessalie cinquante mille hommes;

La Phénicie et l'Égypte, trois cents vaisseaux tout montés et tout équipés.

Trois rois et une reine marchaient sous ses ordres :

Le roi de Tyr, le roi de Sidon, le roi de Silicie, la reine d'Halicarnasse.

Il partit, jeta un pont de bateaux sur l'Hellespont, éventra le mont Athos, se répandit comme un torrent dans la Thessalie, et vint couvrir de ses tentes le pays des Maliens.

On lui avait dit que, près d'Anthela,

il y avait une armée grecque qui l'attendait ; seulement, il ignorait que cette armée se composât de sept mille hommes.

Chaque Lacédémonien, Spartiate, Thébain, Thespien ou Locrien, avait cent cinquante ennemis à combattre.

Eux savaient cela, par exemple; aussi venaient-ils pour mourir.

Avant de quitter Sparte, les trois cents élus de la mort avaient célébré leurs jeux funèbr en signe qu'ils se regardaient déjà comme dormant dans le tombeau.

Au moment où Léonidas avait pris congé de sa femme, celle-ci l'avait prié de lui exprimer son dernier vœu, afin qu'elle s'y conformât.

— Je vous souhaite, avait répondu

Léonidas, un époux digne de vous, et des enfants qui lui ressemblent.

Alors, aux portes de la ville, — ou plutôt aux dernières maisons, car Sparte n'avait ni murailles ni portes, — les éphores l'avaient rejoint.

— Roi de Sparte, lui avaient-ils dit, nous venons te représenter que tu as bien peu d'hommes pour marcher au-devant d'une si nombreuse armée.

Mais lui avait répondu :

— Il ne s'agit point de vaincre, il s'agit de donner à la Grèce le temps de rassembler son armée. Nous sommes peu pour arrêter l'ennemi ; mais nous sommes trop pour le but que nous nous proposons : notre devoir est de défendre le passage des Thermopyles, notre résolution est d'y périr. Trois cents victimes suffiront à l'honneur de Sparte, et

Sparte serait perdue si elle me confiait tous ses guerriers, car je présume que pas un seul d'entre eux n'oserait prendre la fuite.

Il partit, traversa l'Arcadie, l'Argolide, la Corinthie, hésita un instant entre l'Isthme et les Thermopyles, opta pour ces dernières, franchit les montagnes de la Béotie, et vint camper à Anthela, où il occupa aussitôt ses hommes à relever l'ancienne muraille qui barrait la route, et qu'on appelait la *muraille des Phocéens,* parce que ceux-ci l'avaient fait bâtir au temps de leur guerre avec les Messéniens. Ce fut chose facile et vite achevée : le chemin n'avait de largeur, en cet endroit, que pour le passage d'un char.

Un poste de Spartiates fut placé derrière la rivière Phœnix ; il était destiné à défendre les approches du défilé.

Un sentier connu des pâtres seuls s'escarpait aux flancs de l'Anopée, suivait son sommet, et, redescendant un peu au-dessus du bourg d'Alpenus, aboutissait à la pierre d'Hercule Mélampyge. Léonidas envoya, pour le défendre, ses mille Phocéens, qui s'établirent sur les hauteurs du mont OEta, dominant le mont Anopée.

Ces précautions étaient prises, non pas pour vaincre, mais pour mourir aussi lentement que possible : plus la mort serait lente, plus la Grèce aurait de temps pour réunir son armée.

C'était une question de semaines, de jours, d'heures.

Les Spartiates et leurs alliés étaient arrivés les premiers ; c'était déjà beaucoup : ils étaient sûrs d'avoir pour tombeau la place qu'ils avaient choisie.

Ils avaient vu venir cette multitude asiatique; ils avaient entendu le bruit des chars et des chariots de ce million d'hommes; ils avaient senti la pierre trembler au bruit de leurs pas.

A peine daignèrent-ils lever la tête pour regarder de quel côté arrivait la mort!

Un jour, un cavalier perse parut: c'était un envoyé de Xerxès qui venait reconnaître à quels ennemis le roi des rois avait affaire.

Les uns s'exerçaient à la lutte, tandis que les autres peignaient et lissaient leurs chevelures; car le premier soin du Spartiate à l'approche du danger était de parer ses cheveux et de se couronner de fleurs.

Le cavalier put pénétrer jusqu'à

l'avant-poste, regarder les jeux, compter les joueurs, et se retirer à loisir. Les Spartiates ne parurent pas l'avoir remarqué.

N'ayant vu que les Spartiates, — car le mur des Phocéens lui avait dérobé le reste de l'armée, — le cavalier revint vers Xerxès, et lui dit :

— Ils sont trois cents !

Xerxès n'y put croire; il craignait quelque embûche, il attendit quatre jours.

Le cinquième, il écrivit à Léonidas :

« Roi de Sparte, si tu veux te soumettre, je te donne l'empire de la Grèce. »

Léonidas répondit :

« J'aime mieux mourir pour ma patrie que de l'asservir. »

Alors, Xerxès écrivit cette seconde lettre :

« Rends-moi tes armes. »

Au-dessous de cette laconique sommation, Léonidas écrivit cette non moins laconique réponse :

« Viens les prendre ! »

Après avoir lu, Xerxès appelle à lui un corps d'armée composé de Mèdes et de Cissiens.

— Marchez contre ces trois cents insensés, dit-il, et amenez-les-moi vivants.

Le corps d'armée se mit en marche; il était de vingt mille hommes.

Un soldat accourut à Léonidas, en criant :

— Voici les Mèdes, ô roi ! ils sont près de nous !

— Tu te trompes, répondit Léonidas : c'est nous qui sommes près d'eux

— Ils sont si nombreux, ajouta le soldat, que leurs traits suffiront pour obscurcir le soleil.

— Tant mieux! repartit un Spartiate nommé Diénecès, nous combattrons à l'ombre.

Alors, Léonidas ordonna, non point d'attendre les soldats de Xerxès, mais de sortir des retranchements, et de marcher à eux!

Là, ils n'étaient que trois cents; — il est vrai que les Mèdes et les Cissiens n'étaient que vingt mille.

Au bout d'une heure de combat, les vingt mille soldats de Xerxès étaient en fuite!

Xerxès envoya à leur secours les dix mille immortels.

On les appelait les dix mille *immortels*, parce que les brèches faites dans leurs rangs par la mort étaient à l'instant même remplies; ils se recrutaient parmi les plus braves de l'armée, et ne restaient jamais un jour incomplets.

Hydarnes les commandait.

Après une lutte acharnée, ils furent repoussés à leur tour.

O Sparte, Sparte! que tu avais raison de dire que ta meilleure muraille était la poitrine de tes enfants!

Le lendemain, le combat recommença.

Le lendemain, les Perses furent battus une seconde fois.

La nuit vint sur cette seconde défaite. Xerxès, sous sa tente, soucieux, la tête appuyée dans sa main; Xerxès, désespérant de forcer le passage, se demandait si mieux ne valait pas renoncer à son expédition.

Il se rappelait que, lorsqu'il avait été à Babylone pour voir le tombeau du roi Belus, il avait fait ouvrir ce tombeau.

Le tombeau renfermait deux cercueils, un plein, l'autre vide.

Une inscription placée dans le cercueil vide présentait ces mots :

« J'attends la fortune de celui qui m'ouvrira. »

Cette fortune, après deux pareils échecs contre trois cents hommes seulement, n'était-elle pas sur le point d'être ensevelie avec le cadavre du roi Belus?

Hydarnès entra dans la tente du roi; il amenait un homme : cet homme était un traître; ce traître s'appelait Épialtès.

Garder le nom des braves est une piété, garder le nom des traîtres est une justice; ce n'est pas assez que l'histoire soit pieuse, il faut qu'elle soit juste.

Les Grecs avaient une divinité qu'ils appelaient *Nemesis*,—Vengeresse!

Ce traître venait dénoncer au roi des Perses le sentier du mont Anopée.

Hydarnès et ses dix mille immortels partirent à l'instant même, ayant pour guide Épialtès.

A l'aide des chênes qui couvraient les flancs de la montagne d'une ombre rendue encore plus épaisse par celle de la nuit, ils arrivèrent jusqu'aux Phocéens.

Ceux-ci tinrent un instant : ils étaient mille, et combattaient seulement un contre dix; mais ils n'étaient ni Spartiates ni Lacédémoniens.

Léonidas entendit le bruit du combat qui se livrait au-dessus de sa tête; puis des sentinelles accoururent, et lui dirent que le passage était forcé.

A l'instant même, il rassembla les

chefs de ses auxiliaires. Tous étaient d'avis de se retirer et de défendre le passage de l'Isthme.

Mais Léonidas secoua la tête.

— C'est ici, dit-il, que Sparte nous a ordonné de mourir; c'est ici que nous mourrons... Quant à vous, poursuivit-il, réservez-vous, vous et vos soldats, pour des temps meilleurs !

Eux voulaient rester; Léonidas parla au nom de la Grèce, et les hommes du Péloponèse, les Locriens, les Phocéens, se retirèrent.

Mais les Thespiens et les Thébains déclarèrent qu'ils n'abandonneraient pas les Spartiates.

Les hommes du Péloponèse étaient trois mille cent; les Locriens, treize cents ; les Phocéens, mille.

C'étaient cinq mille quatre cents

hommes qui se retiraient; — c'étaient deux mille cent hommes qui restaient.

Ceux qui se retiraient eurent le temps de regagner Thronium avant que les dix mille immortels leur eussent coupé le chemin.

Le soir, on vint dire à Léonidas qu'Hydarnès était à Alpenus, et que, le lendemain, il attaquerait en queue en même temps que Xerxès attaquerait en tête.

— Alors, répondit Léonidas, n'attendons pas à demain.

— Que ferons-nous donc? lui demanda son frère.

— Nous marcherons, cette nuit, sur la tente de Xerxès, et nous le tuerons ou nous périrons au milieu de son camp... En attendant, soupons!

Le repas fut léger : le passage qui fournissait les vivres était coupé.

On en fit l'observation à Léonidas.

— Ce n'est qu'un à-compte, dit-il ; nous souperons mieux, cette nuit, chez Pluton !

Puis, se retournant, il aperçoit deux Spartiates, tous deux jeunes et beaux, tous deux ses parents.

L'un parlait bas à l'autre ; — sans doute lui confiait-il quelques-uns de ces secrets du cœur que, près de mourir, l'homme aime à verser dans le cœur d'un ami.

Léonidas les appelle tous deux, donne au premier une lettre pour sa femme ; au second, une mission secrète pour les magistrats de Lacédémone.

Tous deux sourient à la ruse dans

laquelle ils reconnaissent la tendre pitié de Léonidas.

— Nous ne sommes pas ici pour porter des ordres, disent-ils, nous y sommes pour combattre!

Et ils vont se replacer au rang qui leur est assigné.

Au milieu de la nuit, Léonidas sort sans bruit de ses retranchements, et, au pas de course, à la tête de sa petite armée, renverse les postes avancés, et entre comme un coin de fer dans le camp des Perses avant que ceux-ci aient pu se mettre en défense. La tente de Xerxès est au pouvoir des Spartiates; mais le roi des rois, comme il s'intitule, a eu le temps de fuir! sa tente est mise en lambeaux; puis, avec des cris terribles, Spartiates, Lacédémoniens, Thespiens, Thébains, se répandent dans le camp, frappant au hasard au milieu de cette multitude épouvantée parmi laquelle les bruits les plus terribles circulent : on dit qu'Hydarnès et ses dix mille immortels ont été précipités du haut des rochers; on dit qu'un renfort est arrivé aux Spartiates, et que c'est ce renfort qui leur a donné le courage d'attaquer; on dit que toute l'armée grecque suit ce renfort, et va entrer en ligne.

Si les Perses eussent pu fuir, ils étaient perdus; mais, la nuit, ignorants du chemin, avec la mer à leur gauche, les montagnes de Trachis à leur droite, les gorges de la Thessalie derrière eux, ils ne peuvent qu'opposer l'inerte résistance du nombre.

Toute la nuit, on tua.

Mais le jour vint : les premiers rayons du soleil dénoncèrent le petit nombre des assaillants; alors, toute cette multitude n'eut qu'à se serrer pour dévorer, comme un gouffre, les quelques hommes de Léonidas.

Et, cependant, la lutte continua plus acharnée que jamais. — Léonidas fut tué! — L'honneur d'enlever son corps, l'honneur de le défendre double autour du cadavre l'ardeur du combat; deux frères de Xerxès, les principaux des Perses, deux cents Spartiates, quatre cents Lacédémoniens, quatre cents Thespiens, deux cents Thébains lui font une hécatombe digne de lui! Puis, enfin, par un suprême effort, les Grecs repoussent leurs ennemis, restent maîtres du corps de Léonidas, se mettent en retraite, repoussent quatre fois l'ennemi, laissent des hommes dans chacune de ces attaques, mais repassent le Phœnix, mais s'arrêtent derrière leur muraille, et tiennent là jusqu'à ce qu'Hydarnès et ses dix mille immortels viennent les attaquer du côté d'Alpenus.

Tous tombèrent.

Trois étaient absents. Un presque aveugle était resté au bourg d'Alpenus; là, il apprend qu'Hydarnès et ses dix mille hommes ont suivi le sentier de la montagne, sont descendus à la pierre d'Hercule, et marchent contre ses compagnons; il prend son bouclier, son épée, se fait conduire par son esclave, se jette au hasard dans les rangs des Perses, et tombe percé de coups! Les deux autres s'étaient éloignés, ne sachant pas l'attaque si imminente, afin d'accomplir un ordre de leur général; soupçonnés, à leur retour, de n'avoir pas mis tout en œuvre pour arriver à l'heure du combat, l'un se tue de ses propres mains, l'autre se fait tuer à Platée.

Xerxès continua sa route, et Salamine fut le pendant de Marathon...

Apollonius et son compagnon s'arrêtèrent un instant au tombeau de Léonidas; si préoccupé que fût Isaac Laquedem de la lutte gigantesque entreprise pour son propre compte, il était impossible que lui, qui allait relier l'ancien monde au monde nouveau, ne donnât point un regard à ce glorieux paysage.

Ce fut pendant ce temps qu'Apollonius lui raconta ce grand dévouement, qui demeurera un immortel exemple pour les hommes et pour les peuples.

Puis tous deux reprirent leur chemin.

CHAPITRE XXVI.

LE VOYAGE.

Les voyageurs approchaient du but de leur longue course. Ils venaient d'entrer dans la Thessalie; ils quittaient le mont OEta, encore noirci de la flamme du bûcher d'Hercule; ils avaient traversé Hypate et Lamia, les villes des magiciennes; ils allaient s'engager dans les gorges du mont Othrys, sur la cime duquel les géants avaient lutté dix ans contre Jupiter; enfin, ils laissaient, à leur droite, le fleuve Acheloüs, qui avait tenté de disputer Déjanire à Hercule, lorsque celui-ci l'emportait à travers ses flots, et qui, vaincu trois fois par le fils d'Alcmène sous trois formes différentes, — fleuve, serpent, taureau, — avait fini par laisser une de ses cornes entre les mains de son vainqueur.

Les gorges de la Thessalie traversées, on allait se trouver au cœur du vieux monde, aux sources des traditions mythologiques, sur une terre tout empreinte des pas gigantesques des héros et des demi-dieux. C'est dans le vaste bassin vers lequel descendaient Apollonius et Isaac, et où les attendait Canidie pour les faire assister à ces nocturnes mystères que la magie antique a légués à nos sorcières du moyen âge; c'est là, disons-nous, qu'une mer intérieure, une autre Caspienne, avait séjourné jusqu'au moment où Neptune, frappant de son trident les monts, autrefois réunis, de l'Olympe et de l'Ossa, lui avait donné passage en créant la vallée de Tempé, dont le nom même signifie *ouverture*.

A mesure que la mer, se précipitant dans le golfe Thermaïque par la vallée de Tempé, qui venait de lui être creusée, laissait à découvert la plaine, grasse de limon, les peuples de l'Olympe, du Pinde, de l'Ossa, du Pelion et de l'Othrys, descendaient sur cette terre nouvelle; — seuls, les centaures, fils d'Ixion et de la Nue, restèrent sur les hauts plateaux de leurs montagnes.

Alors, commencent les temps épiques de la Thessalie, qui, par plusieurs points se reliant à notre sujet, nous forcent de jeter sur eux un rapide regard.

A l'horizon le plus lointain, là où l'histoire se confond encore avec la fable, le premier drame que nous voyons se dérouler s'accomplit au milieu d'une fête nuptiale. Le Lapithe Pirithoüs, fils lui-même d'Ixion, épouse Hippodamie, fille d'Adraste, et invite à son mariage les centaures, ses frères, et leur roi Erichtion. — La fiancée était belle, et, au milieu du repas, Erichtion s'approche d'elle, la prend dans ses bras, et tente de l'enlever ; alors, tout devient une arme, jusqu'aux tisons du foyer. Dans cette première lutte, les centaures sont vaincus, Erichtion est pris, et Pirithoüs ne rend à la liberté son insolent convive qu'après lui avoir, en souvenir et en vengeance de l'injure reçue, coupé le nez et les oreilles.

Ce fut le signal d'une guerre à outrance. Le roi mutilé se mit à la tête d'une armée, et commença par détruire une tribu tout entière de Lapithes commandée par Cenée, qui, d'abord, sous le nom de Cenis, avait été femme. — Neptune avait sollicité et obtenu son amour, et, comme, en récompense de cet amour, il lui avait offert d'exaucer un de ses souhaits, Cenis avait souhaité d'être homme ; alors, Neptune, comblant son désir, non-seulement l'avait faite homme, mais aussi invulnérable. — Cette première lutte avait été terrible. Cenée s'était battu comme un lion : entouré par les centaures, qui n'avaient pu lui arracher la vie, ceux-ci, à force de le frapper de leurs massues, l'avaient enfoncé comme une enclume vivante dans les entrailles de la terre ; puis, sur la place où il avait disparu, ses farouches ennemis avaient abattu une forêt tout entière à laquelle ils avaient mis le feu.

Mais, du sein des flammes s'était envolé un oiseau aux ailes d'or : c'était l'immortel Cenée qui remontait au ciel !

Les centaures continuèrent leur course vers la capitale du pays des Lapithes; mais un secours inattendu venait d'arriver à ceux-ci.

Thésée, importuné de la renommée de Pirithoüs, était parti d'Athènes pour le combattre ; et, se jugeant digne d'un pareil adversaire, Pirithoüs avait pris les armes, et avait marché au-devant de lui. Or, lorsqu'ils se trouvèrent en face l'un de l'autre, chacun des deux héros sentit l'admiration succéder au désir de combattre ; les mains fermées, qui apportaient la mort, s'ouvrirent et se jurèrent, en s'étreignant, une éternelle amitié ; et tous deux revinrent appuyés l'un à l'autre comme les Dioscures.

Ce fut alors que Pirithoüs apprit l'invasion des centaures, et la défaite de Cenée. Thésée et lui marchèrent aussitôt contre les agresseurs : les ennemis de Pirithoüs étaient devenus les ennemis de Thésée. La guerre dura trois ans. Enfin, les centaures, vaincus dans toutes les rencontres, ne devant leur salut qu'à la rapidité de leur course, furent détruits ou chassés. Chiron resta seul sur le Pelion : son titre de précepteur de Thésée, et les bienfaits qu'il avait répandus sur toute la contrée en s'adonnant aux sciences et surtout à la médecine, lui méritèrent cette faveur.

Après Pirithoüs, qui, amoureux de Proserpine, essaye de descendre aux enfers, et se fait étrangler par le chien à la triple gueule, arrive l'argonaute Jason.

Jason naît à Iolchos; son père Eson vient d'être détrôné par Pelias, son frère; aussi, tremblant pour son fils, Eson répand-il le bruit de sa mort, tandis que, à peine délivrée, Alcimède prend l'enfant dans sa tunique, et le porte au centaure Chiron, qui se charge d'en faire un héros.

L'enfant, en sûreté, grandit aux mains de Chiron, et devient jeune homme; alors, l'oracle des Magnésiens lui ordonne de prendre deux javelots, et, vêtu d'une peau de léopard, de rentrer à Iolchos pour y réclamer le trône paternel.

Jason obéit à l'oracle, descend de sa montagne, se présente devant Pelias, se fait reconnaître pour son neveu, et hasarde l'aventureuse demande.

— Soit, répond Pelias ; mais il faut que quelque exploit digne d'Hercule me prouve que tu es bien le fils d'Eson.

A cette époque, toute la Grèce jurait par Hercule, qui venait d'accomplir ses douze travaux.

— Ordonne, répondit Jason.

Eh bien, reprit Pelias, après avoir réfléchi un instant, va en Colchide, rapporte-moi la *toison d'or*, et le trône d'Iolchos est à toi !

Qu'était-ce que cette toison d'or ambitionnée par Pelias ? Nous allons le dire.

Athamas, roi d'Orchomène en Béotie (en passant près du lac Copaïs, des degrés du temple d'Apollon, où ils s'étaient assis, deux jours auparavant, nos voyageurs, à cette heure de la soirée où l'atmosphère s'épure, avaient pu, sur l'autre rive du lac, apercevoir Orchemène dans les bleuâtres lointains du mont Parnasse), Athamas, roi d'Orchomène en Béotie, avait eu de sa première femme, Néphelé, un fils nommé Phryxus, et une fille nommée Hellé.

Bientôt Athamas, s'étant lassé de Néphelé, la répudia, et, en secondes noces, épousa Ino, fille de Cadmus; mais la marâtre, comme c'est l'habitude, prit en haine les enfants du premier lit, et résolut de se débarrasser d'eux.

Voici de quelle façon elle tenta d'arriver à ce but.

Elle corrompit le blé renfermé dans les greniers publics et destiné à ensemencer la terre; le blé avorta dans les sillons, la récolte fut perdue, une famine se déclara.

On eut recours à l'oracle de Delphes pour savoir ce qu'il y avait à faire en cette extrémité.

Ino gagna à prix d'or les messagers d'Athamas, et ceux-ci rapportèrent que, si l'on voulait conjurer le fléau qui désolait le pays, il fallait, suivant l'oracle, immoler aux Dieux les enfants de Néphelé. — Dans les premiers âges des religions, les Dieux sont toujours anthropophages; ce n'est que plus tard, dans la seconde période, qu'on parvient à tromper leur goût pour la chair humaine, en y substituant la chair des animaux. Le Dieu des Juifs lui-même,

Jehovah, demande à Abraham le sacrifice de son fils Isaac, et accepte celui de la fille de Jephté.

Phryxus et sa sœur Hellé étaient déjà au pied des autels, la tête couronnée de fleurs : ils tendaient déjà la gorge au couteau des sacrificateurs, lorsque, pâle, les cheveux épars, folle de douleur, Néphelé perce la foule, s'empare des deux victimes, et disparaît sans qu'un seul des spectateurs essaye d'arrêter cette mère qui arrache ses deux enfants à la mort.

Maintenant, que va-t-elle en faire, et comment échapperont-ils à la haine de leur marâtre ? Mercure y a pourvu : il a donné à Néphelé le bélier Chrysomallos, qui vole et qui parle; en outre, comme l'indique son nom, sa toison est d'or pur.

Le bélier attendait Néphelé au bord

du lac Copaïs. La mère, effarée et tremblante, lui mit les deux enfants sur le dos, et le bélier s'enleva dans les airs prenant la direction de la Colchide.

A moitié de la route à peu près, Hellé, prise du vertige, se laissa tomber dans le canal qui conduisait de la mer Égée à la Propontide. C'est depuis lors que, du nom de celle qu'il avait englouti, ce canal s'appela *Hellespont*.

Phryxus aborda sain et sauf en Colchide, immola, par ordre de Mercure, le bélier sauveur, à Jupiter, qui le plaça au rang des signes du Zodiaque, mais il garda la toison, et, de cette toison, paya l'hospitalité que lui donna le roi Éetes.

Cette précieuse toison que, dès ce moment, on regarda comme le palladium du royaume, fut suspendue à un chêne, et mise sous la garde d'un dragon.

C'est cette toison que demandait Pelias à son neveu Jason.

Lui demander cette toison, c'était, s'il se chargeait de l'entreprise, l'envoyer à la mort.

Jason accepte.

Alors, commence le merveilleux voyage des argonautes ou des navigateurs sur Argo.

Il s'agissait, d'abord, de construire un navire, science complétement inconnue des Grecs du Nord, qui, par tradition seulement, connaissaient ces nefs hasardeuses qui, des rives de la Phénicie ou de l'Égypte, avaient transporté dans la Grèce du Midi les colonies conduites par Cadmus, Cecrops, Ogygès et Inachus.

On se mit à l'œuvre, on abattit les plus beaux sapins du Pelion pour en faire le pont et la carène du bâtiment; puis Minerve apporta elle-même de Dodone, c'est-à-dire de la forêt où les arbres parlent, le chêne qui devait fournir au vaisseau son unique mât.

Le bâtiment est construit à Pagase; Argus, fils de Polybe et d'Argée, en dirige le travail; jusque-là, les navires étaient de forme ronde : Argus, le premier, donne au sien la forme allongée du poisson; en outre, il le fait pour marcher à la rame et à la voile.

Cinquante-six guerriers, dont nous connaissons les noms,—tandis que nous avons oublié ceux des compagnons de Christophe Colomb, de Vasco de Gama et d'Albuquerque, — accompagneront Jason dans l'aventureuse entreprise.

Comment les noms de ces cinquante-six héros sont-ils parvenus jusqu'à nous, et, argonautes de l'immortalité, ont-ils, voguant à travers les écueils des siècles, sur la mer du temps, abordé dans le port de l'avenir? C'est qu'il y a deux mille ans, un poëte, en soufflant dessus, a, dans le ciel de l'antiquité, où tant d'étoiles ont sombré comme des bâtiments de flamme, ravivé ces astres guerriers! Suprême et majestueux pouvoir de la poésie, qui fait la lumière là où elle brûle, les ténèbres là où elle est éteinte, et qui, pareille aux Dieux, parfume d'immortalité les têtes qui lui sont chères!

Maintenant, quels seront les chefs entre tous ces héros?

Hercule, qui commandera jusqu'à ce qu'il abandonne tout pour chercher son cher Hylas.

Un mot sur cette gracieuse tradition.

Au milieu de la tempête qui a, pendant douze jours, battu le navire Argo, Hercule a laissé tomber à la mer sa massue, son arc et ses flèches.

La tempête se calme enfin; le navire jette l'ancre à l'embouchure du Rhindaque.

D'immenses et sombres forêts s'étendent sur la croupe des montagnes, Hercule y voit un moyen de remplacer ses armes perdues. Suivi du fidèle enfant qu'il a amené de Mysie, il s'avance vers le bois le plus proche, coupe un chêne dont il fait une massue, un frêne dont il fait un arc, et il envoie Hylas cueillir, pour en faire des flèches, des roseaux dont il voyait les cimes flexibles se balancer au vent.

Le bel enfant le quitta; mais l'eau de

la fontaine où se balançaient les roseaux était si pure, qu'il ne put résister à la soif qui le pressait; — d'ailleurs, comment soupçonner le danger? — Il se mit à genoux, et approcha de l'eau son frais visage : c'était une trop puissante tentation pour les nymphes de ce rivage solitaire; jamais si charmante bouche n'avait effleuré leur cristal humide; les longues boucles de cheveux blonds de l'adolescent trempaient dans l'onde : les nymphes le saisirent par les boucles de ses cheveux, et l'attirèrent à elles; il voulut jeter un cri, et n'eut que le temps de pousser un soupir!

Hercule, à ce soupir, leva la tête; mais il prit pour une haleine de la brise ce dernier souffle terrestre de son jeune compagnon.

Cependant, quand la massue fut

taillée, quand l'arc fut façonné, il appela Hylas. — Hylas, entraîné dans les grottes profondes de la fontaine, ne put répondre.

Les cris d'Hercule redoublèrent. Les argonautes, restés sur le rivage, entendirent les appels désespérés du fils de Jupiter retentir, du matin jusqu'au soir, dans la forêt, puis s'éloigner du côté du midi. Toute la nuit, ces cris arrivèrent jusqu'à eux s'affaiblissant de plus en plus ; au point du jour, ils s'éteignirent. — Présumant, alors, qu'ils ne reverraient plus Hercule, les argonautes reprirent la mer.

Les chefs de cette expédition étaient donc :

Hercule, qui commanda pendant la première partie du voyage ;

Jason, qui lui succédera ;

Tiphys, qui sera le pilote ;

Orphée, qui chantera l'expédition ;

Esculape, qui sera le médecin de l'équipage ;

Lyncée, qui signalera les écueils ;

Calaïs et Zethès, qui commanderont aux rameurs ;

Enfin, Pelée et Telamon, qui veilleront à la poupe, tandis qu'Hercule veillera à la proue.

Jason fit prêter à tous ses compagnons le serment de ne pas revenir sans la toison d'or ; on offrit un sacrifice aux Dieux ; puis on déplia la voile, et on laissa tomber les rames à la mer.

Alors, le navire Argo, aux acclamations des douze villes qui s'élevaient au bord du golfe Pagasétique, et que, pareille à une reine, dominait Iolchos, s'avança vers la mer Égée, et doubla majestueusement le cap Sepias.

Là, sur un rocher du mont Pelion surplombant la mer, se tenait le centaure Chiron, précepteur de Thésée et de Jason. On pouvait voir, appuyé à sa robuste épaule, un enfant qui pleurait de douleur d'être trop jeune encore pour prendre part à cette illustre expédition.

Cet enfant, c'était Achille.

Le vaisseau s'éloigna vers le nord-est, et disparut dans la direction du détroit d'Hellé.

Abandonnons aux caprices de la mer l'aventureux navire, qui, six ans plus tard, vainqueur des flots, des vents, des écueils, des hommes, des monstres et des Dieux, rentrera dans ce même golfe où il a été construit, rapportant la toison d'or conquise, et Médée enlevée.

Cet enfant qui pleurait, avons-nous dit, c'était Achille.

Achille! c'est encore un fils de la Thessalie.

Un oracle a prédit à sa mère Thétis, la plus belle des néréides, qu'elle mettrait au jour un fils plus grand que son père. Apollon, Neptune, Jupiter, l'avaient tour à tour demandée pour femme; mais, à cette prédiction d'un oracle qui avait la réputation de ne jamais mentir, — c'était l'oracle de Thémis, — chacun avait retiré sa demande. Thétis en fut donc réduite à épouser un simple mortel. Au moins voulut-elle qu'il fût digne d'être dieu; elle déclara qu'elle ne serait la femme que de celui qui l'aurait vaincue. Beaucoup essayèrent inutilement; enfin, guidé par les conseils de Chiron, Pelée, petit-fils d'Éaque, roi d'Égine, vainquit la sauvage déesse. Les noces se firent sur le Pelion; tous les Dieux y avaient été invités, sauf Éris, fille de la Nuit, sœur du Sommeil et de la Mort.

On sait comment la terrible déesse se vengea de cet oubli en jetant au milieu du festin une pomme d'or sur laquelle étaient écrits ces mots : *A la plus belle!*

Que faisait Achille, fils de Thétis et de Pelée, près du centaure Chiron? Il attendait cette guerre de Troie à laquelle donna lieu l'enlèvement d'Hélène par Paris, et où il devait mourir pour revivre éternellement dans les vers d'Homère!

C'était aussi un Thessalien, cet Admète qui faisait partie des cinquante-six compagnons de Jason, et qui, pour le suivre, avait quitté la belle Alceste, qu'il adorait.

Alceste était fille de Pelias, et, par conséquent, cousine de Jason; son père avait déclaré qu'il ne la donnerait en mariage qu'au héros qui entrerait dans Iolchos sur un char traîné par deux bêtes farouches d'espèce différente. La condition était difficile à remplir. Par bonheur, pendant l'exil d'un an qu'il avait passé sur la terre pour avoir tué les cyclopes, Apollon avait reçu l'hospitalité chez Admète, et lui avait payé cette hospitalité en gardant ses immenses troupeaux. — Admète s'adresse, alors, au dieu qui fut son hôte, et Apollon lui donne un lion et un sanglier que lui-même a façonnés au joug. Admète entre donc à Iolchos sur un char traîné par ces deux animaux, et obtient la main d'Alceste; puis, comme nous l'avons dit, il fait l'expédition des argonautes, et ne rentre dans ses États que pour tomber malade d'une maladie mortelle. Alceste, désespérée, consulte l'oracle, qui répond que la vie d'Admète sera sauvée, pourvu qu'une autre personne consente à mourir pour lui; alors, Alceste n'hésite pas : elle prend congé de ses enfants bien-aimés, se dévoue et meurt... A peine est-elle morte, qu'Admète, en effet, se lève sain et sauf de son lit d'agonie, et apprend au prix de quelle sainte existence la sienne lui est conservée! Au milieu des funérailles, Hercule arrive, s'informe d'où vient ce repas funèbre; d'où viennent ces habits de deuil, ces gémissements, ces chants funéraires, ces larmes; on lui raconte la douleur d'Admète, le dévouement d'Alceste.

Alors, il entre dans le sépulcre, lutte avec la mort, lui arrache le cadavre d'Alceste, et replace la noble femme, immobile et silencieuse, sur le lit, où, neuf jours après, elle rouvrira les yeux, et reviendra à la vie!...

Tel était le pays magique à travers lequel s'avançaient Apollonius et son compagnon; telles étaient les traditions qu'Isaac écoutait avec une sombre avidité.

En effet, quel était le nœud éternel de tous ces drames? La lutte de l'homme contre les éléments ou contre la divinité.

Si Cenée avait succombé, Jason avait réussi; si Achille était mort, Hercule, immortel, était monté aux cieux.

En luttant contre le nouveau dieu qui venait de réclamer l'empire du ciel et de la terre, il ne ferait donc que continuer, à travers les âges modernes, la tradition du vieux monde, dont il était le représentant.

Et, dans sa bouche, les interrogations succédaient aux interrogations ; et, dans sa mémoire, prenaient place les unes à côté des autres toutes ces légendes merveilleuses, comme dans l'arsenal d'un vassal qui se prépare à une révolte contre son souverain, prennent place, de quelque espèce qu'elles soient, et de quelque pays qu'elles viennent, toutes les armes qu'il peut se procurer, n'ayant de préférence que pour les plus tranchantes, les plus aiguës, les plus empoisonnées, et, par conséquent, les plus mortelles !

CHAPITRE XXVII.

LE VOYAGE.

Comme Apollonius achevait de raconter à son compagnon de route cette touchante et poétique tradition d'Alceste, on arrivait à l'extrémité des gorges de l'Othrys, et, de même que, du haut du Cithéron, les deux voyageurs avaient découvert toute la Béotie, depuis le Parnasse jusqu'à l'Eubée, ils découvraient alors toute la Thessalie, enfermée dans l'immense triangle formé par l'Olympe, le Pinde et l'Ossa.

Dans les profondeurs bleuâtres de l'horizon, ils voyaient, comme un fil d'argent, se tordre le Penée, chanté par Simonide, Théocrite et Virgile.

Sur sa rive blanchissait, dans le limpide éther du soir, Larisse, la ville d'Achille.

A droite, se mirant dans son golfe, Iolchos, la ville de Jason.

A gauche, sur un affluent de Penée, Tricca, la ville de Pirithoüs.

Sous leurs pieds, Pharsale!...

A ce mot de Pharsale, Isaac tressaillit; Pharsale lui rappelait deux noms qui reliaient l'histoire de l'Orient à celle de l'Occident.

Pour la première fois depuis qu'il était en Grèce, il entendait s'éveiller ce double écho qui avait un retentissement et dans l'histoire de son pays, et dans sa propre histoire.

Ces deux noms que lui rappelait Pharsale, c'étaient les noms de César et de Pompée.

C'était Pompée qui avait conquis la Judée, et fait de la Syrie une province romaine;

Isaac avait été porte-enseigne sous Auguste, neveu de César.

Puis, pour avoir eu lieu entre deux mortels, la lutte de ces deux hommes n'avait été ni moins acharnée, ni moins importante que si elle se fût accomplie entre des dieux.

A Pharsale s'était décidée la question de savoir à qui appartiendrait l'empire du monde.

L'empire du monde était resté à César.

Qu'avaient donc de plus que d'autres ces deux hommes qui avaient résumé en eux les deux grands, les deux derniers mots de toutes les luttes sociales, de toutes les sociétés humaines : République, empire, — despotisme, liberté?

Étaient-ils les fils de leurs œuvres ou des instruments aux mains de la Providence?

Savaient-ils ce qu'ils faisaient, où ils allaient, dans quel but ils étaient nés, pour quelle cause ils devaient mourir?

Marchaient-ils comme des aveugles sublimes sur cette route du passé à l'avenir où voyagent les hommes, mais qui est le chemin de Dieu?

C'étaient là de ces questions que ne soulevait pas la philosophie antique.

Mais, sous son seul point de vue matériel, l'événement avait bien assez d'importance pour exciter la curiosité d'Isaac.

— Pharsale ! répéta-t-il lentement après Apollonius. Ainsi, nous avons sous nos pieds le champ de bataille de Pharsale!... On m'a montrée, à Alexandrie, la place où Pompée a été assassiné; montre-moi celle où il a été vaincu.

Apollonius étendit la main, et lui indiquant une colonne élevée sur le versant même de la montagne au sommet de laquelle tous deux étaient debout :

— Là était le camp de Pompée, dit Apollonius, et, là, au confluent de ces deux ruisseaux dont l'un se nomme l'Apidane, et dont l'autre n'a pas de nom, était le camp de César.

Isaac fit signe qu'il écoutait.

— Pompée avait avec lui neuf légions de citoyens romains : cinq amenées d'Italie ; une de vétérans venue de Sicile, et nommée la *jumelle*, formée qu'elle était de la réunion de deux légions ; une fournie par la Macédoine, que nous avons devant nous, au delà de l'Olympe, et par la Crète, que nous avons derrière nous, au delà des Cyclades ; deux autres levées en Asie par Lentulus. Il avait, en outre, trois mille archers de Lacédémone et du Pont, douze cents frondeurs des îles Baléares et de la Syrie, six cents Gaulois amenés par Dejotarus, cinq cents Thraces envoyés par Cotys, cinq cents Cappadociens conduits par Ariobarzane, deux cents Macédoniens obéissant aux ordres de Rascipolis, cinq cents Gaulois et Germains appelés d'Alexandrie, huit cents cavaliers recrutés parmi ses bergers et ses esclaves ; enfin, trois cents Galates, des Dardaniens, des

Besses, des Thessaliens; en tout, près de deux cent soixante mille hommes; — de plus, les chevaliers, les sénateurs et la belle jeunesse de Rome, tous accourus là pour en finir d'un seul coup avec l'ennemi commun : César et le peuple! — A part cette fameuse dixième légion qui ne le quittait jamais, César avait avec lui peu de Romains, mais beaucoup de ce que, en Italie, on appelait des barbares. Ces barbares, c'étaient la pesante infanterie de la Belgique, et l'infanterie légère de l'Arvernie et de l'Aquitaine; c'étaient des cavaliers germains et gaulois, des archers rutènes, une garde espagnole. Au reste, tous soldats dévoués et terribles : à Massilia, un seul de ces hommes s'était rendu maître de tout un vaisseau. En Afrique, Scipion, voulant épargner la vie à l'un d'eux qui avait été fait prisonnier :

« — Les soldats de César, répondit celui-ci, sont habitués à donner la vie, et non à la recevoir! »

Et il se coupa la gorge. — A Dyrrachium, un autre avait reçu trois blessures et cent trente coups sur son bouclier! — Dans le camp de Pompée, on ne doutait pas de la victoire; on s'étonnait seulement que Pompée tardât tant à combattre. Domitius lui demandait :

« — Agamemnon, combien de temps comptes-tu faire durer cette guerre? »

Cicéron et Favonius conseillaient à leurs amis qui se trouvaient sous les ordres du vainqueur de Sertorius et de Mithridate de renoncer pour cette année aux figues de Tusculum. Afranius, qui avait vendu l'Espagne à César, disait :

« — C'est un marchand qui sait acheter

les provinces, mais qui ne sait pas les conquérir! »

Tout ce qui était resté en Italie était traître, et méritait la mort.

« — Sylla n'est qu'un enfant, disaient les Pompéens; il ne se doute pas de ce que c'est que proscrire ; nos listes, à nous, sont faites: nous proscrirons, non point par têtes, mais par masses! »

On se disputait les consulats et les prétures; on envoyait à Rome retenir les maisons les mieux placées pour la brigue des emplois. Une seule chose embarrassait les plus ambitieux, c'était de savoir qui aurait la charge de grand pontife, dont César était revêtu. La veille de la bataille, il y eut grande fête: on dressa des tables, et l'on joncha les tentes de fleurs et de feuillages. — Un seul homme ne partageait point la confiance commune : c'était Sextus, le fils cadet de Pompée ; — l'aîné, Cneus, était resté couché sur la terre d'Espagne. — La nuit venue, Sextus prit ce chemin que tu vois, et, suivi d'un esclave seulement, gagna ce bois qui s'élève au bord de l'Énipée. Là, dit-on, il consulta la magicienne Érichto, et; par la bouche d'un cadavre à qui elle rendit momentanément la vie, celle-ci lui prédit la défaite du lendemain, l'assassinat de son père en Afrique, et sa mort à lui-même en Asie...

Le Juif sourit à ce récit, qui caressait son espérance.

— Crois-tu, demanda-t-il, les magiciennes d'aujourd'hui de la force des magiciennes du temps de Pompée ?... Crois-tu que Canidie soit aussi savante qu'Érichto ?

— Ne crains rien, dit Apollonius, si Canidie ne te répond pas suivant tes désirs, nous consulterons Érichto elle-même.

— Mais, répondit Isaac, depuis cent ans que Sextus Pompée l'a consultée, elle a eu le temps de mourir.

— Qu'importe! ne t'ai-je pas dit que c'est par la bouche d'un mort qu'elle a répondu à Sextus?... Morte ou vivante, Érichto te répondra, si Canidie ne peut te répondre.

— Alors, ne perdons pas de temps, dit Isaac, et allons la joindre où elle nous attend.

D'autant plus, reprit Apollonius, en se remettant en route, et en commençant à s'avancer, avec le Juif, sur la déclivité de la montagne, d'autant plus que je puis te dire le reste en marchant... — Le combat était décidé; au point du jour tout fut en mouvement dans le camp de Pompée. Il était temps : César avait pris le parti de se retirer en Macédoine ; l'ordre était déjà donné de plier les tentes, lorsqu'il vit Pompée descendre, avec son armée, des hauteurs où il s'était retranché.

« — Ah! dit César, il paraît qu'on va nous présenter le combat; il ne s'agit plus de retraite : on nous offre l'occasion de vaincre ; saisissons-la, elle ne s'offrirait peut-être plus! »

Pompée fit une longue harangue à ses soldats. César dit seulement aux siens ces trois mots :

« — Frappez au visage! »

Il prévoyait que cette brillante jeunesse romaine, ces élégants chevaliers, ces beaux des portiques d'Octavie, du champ de Mars et de la via Appia, aimeraient mieux être déshonorés que défigurés... Les deux armées marchèrent l'une contre l'autre. Un vieux centurion placé à l'avant-garde, et qui devait commencer l'attaque, dit à César en passant près de lui au pas de course avec ses hommes :

« — César, tu me loueras aujourd'hui, mort ou vivant! »

Parmi les soldats de César, cent vingt s'étaient dévoués aux dieux infernaux, à la condition que leur général obtiendrait la victoire. — Pompée, outre sa cavalerie thrace, thessalienne, numide, avait sept mille chevaliers romains, c'est-à-dire toute la noblesse de Rome; cette troupe, qui haïssait César surtout comme patricien, s'était chargée d'envelopper, par un mouvement rapide, la dixième légion. Labienus, l'ancien lieutenant de César, conduisait l'attaque, et il avait juré de ne déposer les armes que lorsqu'il aurait vaincu son général. Mais César avait prévu cette tactique : il avait renforcé sa dixième légion de six cohortes ; au moment de la charge, ces six cohortes devaient se porter au premier rang, et, au lieu de lancer le javelot, en présenter la pointe en criant le mot de César : « Frappez au visage ! » Cette manœuvre s'exécuta à la lettre. Après une lutte qui ne dura pas une demi-heure, tous ces cavaliers tournèrent bride, et s'enfuirent le visage caché dans leurs mains ! Au centre, César avait donné l'ordre de courir sur l'ennemi en poussant de grands cris ; les cris des barbares étaient encore plus terribles que leurs coups !

d'ailleurs, au moment où le centre chargeait, les chevaliers revenaient en désordre, poursuivis par la cavalerie gauloise de César. — Pompée jugea la journée perdue, et, comme Antoine à Actium, n'essaya pas même de la disputer. Il y a un moment où les plus forts sentent leurs forces s'éteindre, les plus courageux leur courage les abandonner, et où, comprenant que leur heure est venue, et que les dieux leur sont contraires, ils ne songent plus qu'à fuir, et à sauver le seul bien qui leur reste, la vie. Pompée, qui dominait le combat, du haut de ce rocher que tu vois, sauta à cheval, jeta ses insignes afin de ne pas être reconnu, gagna la mer, et s'embarqua pour Lesbos, où il avait laissé sa femme, la jeune et belle Cornélie… Tu as vu sa tombe, tu sais comment il mourut! — Dès que César vit la victoire décidée, il s'élança au milieu des combattants en criant :

« — Sauvez les citoyens romains! »

On lui amena Brutus et les sénateurs prisonniers; il leur demanda leur amitié, et leur offrit la sienne. Puis, parcourant le champ de bataille, il dit avec douleur, voyant les morts dont la terre était jonchée :

« — Ce sont eux qui l'ont voulu! Me voilà maître du monde par un crime; et, si j'eusse déposé les armes, ils me mettaient à mort comme un bandit! »

De tous les prisonniers, il n'en fit tuer que trois : c'étaient de jeunes chevaliers qui s'étaient amusés à faire égorger ses affranchis, ses esclaves et ses lions...

Isaac resta pensif un instant; puis :

— Crois-tu, demanda-t-il à Apollonius, que tous ces événements naissent, grandissent, s'achèvent par un simple effet du hasard, ou, que, préparés, combinés par la Providence, ils servent à l'accomplissement d'un but arrêté d'avance dans la pensée des dieux?

— Je ne sais pas ce qu'enseigne ta religion à ce sujet, et peut-être ne le sais-tu pas non plus, répondit Apollonius; car on dit que la religion juive a des secrets connus de ses prêtres seuls, et que quelquefois Jehovah s'est laissé fléchir par les prières de ceux qu'il aime; mais il n'en est pas ainsi chez nous, et Jupiter est le premier esclave de cette divinité immuable, sourde, inflexible, que les Grecs appellent *Imarmène*, et les latins *Fatum :* elle existait quand rien n'existait encore, avant le

Chaos, avant la Terre, avant l'Érèbe, avant l'Amour ! Tu as visité les adorateurs du feu ; notre destin, à nous, c'est quelque chose comme le *Zervane-Akérène* des Parsis, qui plane sur Ormuzd et la création tout entière ; c'est la loi-mère : cette loi nous reste inconnue et cachée ; les faces sous lesquelles elle nous apparaît sont : *Éros*, l'amour, — *Thémis*, la loi, — *Dicé*, la justice, — *Ananké*, la nécessité, — *Tyché*, la multiplicité des événements, l'inégalité des circonstances, les unes principales, les autres épisodiques ; l'inattendu et le bizarre des détails ; mais tout cela était écrit d'avance, et, par conséquent, ne pouvait subir de changement... Quant à ce mot de *providence* que tu viens de prononcer, c'est un mot nouveau, et que je ne connais pas.

— C'est vrai, répondit Isaac avec un soupir; j'oubliais que c'est un mot que je n'ai entendu dire que par les disciples du Christ, et que tu ne peux pas plus le connaître que je ne saurais l'expliquer... Marchons, Apollonius; car voici la nuit.

En effet, le soleil se couchait derrière le Pinde, teignant de rose les sommets neigeux de la montagne consacrée à Apollon, tandis que, du côté de l'orient, la nuit commençait à descendre en larges ondes.

Mais cette nuit était étrange; on eût dit que c'était, non pas seulement l'absence de la lumière qui la causait, mais encore l'épaississement de l'atmosphère; puis, dans cette obscurité qui venait, comme vient le vent, avec des ailes, il semblait à Isaac entendre toutes sortes de bruits inaccoutumés, tels que des cris d'oiseaux, des sifflements de serpents, des plaintes de fantômes. Mais que lui importait à lui! ne savait-il pas que nul être créé, qu'il appartînt à la terre, à l'eau, à l'air, n'avait action sur lui?

Seulement, comme tout lui devait être un enseignement, il interrogeait sur tout.

En tournant la dernière rampe de la montagne, on se trouva sur le chemin qui coupait en deux le champ de bataille de Pharsale.

La plaine était parsemée de monticules qui n'étaient autre chose que les *tumuli* sous lesquels gisaient enfermés les cadavres; ces tumuli avaient fait du champ de bataille une espèce de mer à flots solides, grisâtres et immobiles.

Mais, au moment où le dernier rayon du jour s'éteignit à l'occident, Isaac crut remarquer que cette mer commençait à s'agiter et à se plaindre; que chaque flot devenait mouvant; que le gazon disparaissait et laissait voir cette terre friable qui couvre les fosses nouvellement remplies.

Puis il lui sembla encore — car tout empruntait à l'obscurité cette apparence vague et presque informe des vapeurs qui flottent sur les marais — il lui sembla que chaque fosse crevait à son sommet, et que des spectres armés en sortaient lentement, secouant la terre qui ruisselait sur leurs cheveux et sur leurs épaules, et, choisissant chacun son adversaire, s'attaquaient sans bruit.

Un instant, il regarda ce combat muet en homme qui veut s'assurer qu'il n'est pas le jouet d'une illusion; puis, enfin, s'adressant à Apollonius :

— Ne vois-tu pas comme moi, lui demanda-t-il, ces ombres qui luttent dans la plaine?... ou l'idée que nous marchons sur une terre magique ne crée-t-elle point pour mon imagination des fantômes qui n'existent pas?

— Je ne saurais te dire que ce que tu vois existe en réalité ; mais, au moins, l'apparence est devant tes yeux, répondit Apollonius.

— Que font, alors, tous ces spectres, et pourquoi, eux morts, se battent-ils avec une haine de vivants?

— Il en est ainsi de ceux qui tombent dans les guerres civiles, de ceux qui ont combattu contre leurs amis, contre leurs concitoyens, contre leurs parents... La guerre civile est chose impie, et ils portent la peine de leur impiété! Ceux que tu vois là, ou plutôt dont tu vois les ombres, sont ceux qui, dans les rangs opposés, reconnaissant un père, un fils, un frère ou un ami, se sont de préférence attaqués à cet adversaire, l'ont tué, ou sont morts de ses mains; leur punition est de n'avoir pas de repos dans leurs tombes; de se réveiller, chaque nuit, avec une colère toujours neuve dans le cœur, une épée toujours tranchante à la main; de commettre, en apparence et sur des fantômes, le même crime qu'ils ont commis une fois, en réalité, sur des êtres vivants. Aussi, la nuit venue, personne ne se hasarde à passer par la plaine que nous traversons : elle est maudite! nul ne l'ensemence, aucun troupeau n'y pâture, aucun animal n'y gîte, aucun oiseau n'y fait son nid; les herbes malfaisantes y poussent seules, et c'est ici que les sorcières viennent, maintenant, de tous les coins de la Thessalie, cueillir, à minuit, les plantes magiques avec lesquelles elles accomplissent leurs sacrifices... Mais marchons, Isaac; nous avons encore du chemin à faire!

Et tous deux continuèrent leur route; seulement, Isaac se retournait de temps en temps pour voir ce semblant de mêlée, cette apparence de carnage, ce simulacre d'égorgement qui se mouvait effroyable dans l'obscurité.

Mais ils marchaient d'un pas rapide, et chaque pas les éloignait du champ maudit.

A mesure qu'ils avançaient, ils voyaient les bouviers, qui poussaient devant eux les bœufs aux longues cornes; les pâtres, qui pressaient leurs troupeaux; les cavaliers, qui éperonnaient leurs coursiers; car tous sentaient que la nuit qui venait de commencer n'était pas une nuit ordinaire, et que les ténèbres qui les enveloppaient étaient des ténèbres fatales.

Tout à coup, on entendit dans l'air un bruit pareil à celui d'une troupe d'oiseaux qui eussent battu l'obscurité avec des ailes de cuivre; en même temps, le ciel, déjà sombre, s'assombrit encore. Le nuage ailé venait du midi, et allait vers le nord.

— Qu'est-ce là? demanda le Juif.

— Les oiseaux du lac Stymphale, qui arrivent d'Arcadie, et qui viennent à la curée. Ce sont des monstres à têtes, à ailes, à griffes de fer; Mars lui-même leur a enseigné l'art de la guerre; ils lancent contre ceux qu'ils attaquent leurs plumes d'airain, dont ils percent cuirasses et boucliers... La chair humaine est leur élément favori; la nuit ils s'abattent sur les champs de bataille couverts de morts, et, laissant aux loups les cadavres, ils dévorent de préférence les blessés qui respirent encore... Viens! ils vont où nous allons.

Et les voyageurs continuèrent leur chemin.

Au bout d'un quart d'heure, un nouveau bruit passa dans l'obscurité : c'était encore un vol, mais, cette fois, accompagné d'une odeur empestée; il venait de l'est, et traçait dans l'air un sillon bleuâtre.

— Sont-ce encore des stymphalides? demanda le Juif.

— Non, dit Apollonius, ce sont les

harpies, filles de Neptune et de la Mer; les principales s'appellent Aëllo, Ocypète et Céléno. Tu les verras avec leur visage de vieille femme, leur bec crochu, leurs corps de vautour, leurs mamelles pendantes, leurs serres de bronze. Longtemps elles ont tourmenté l'aveugle Phinée, roi de Salmydesse en Thrace ; mais, ua passant avec les argonautes pour se rendre en Colchide, Calaïs et Zéthès, les deux fils de Borée et de la nymphe Orithye, se mettant à leur poursuite à travers les airs, les forcèrent de se réfugier dans les îles Strophades; c'est là qu'Énée les rencontra, et que Céléno lui prédit cette terrible famine qui contraindrait les Troyens à manger leurs tables... Sans doute, Canidie a besoin d'une de leurs plumes pour tracer quelques caractères magiques... Viens ! elles vont où nous allons.

Et les voyageurs continuèrent leur chemin.

Un autre quart d'heure ne s'était pas écoulé, qu'un nouveau bruit, toujours traversant les airs, s'éveilla dans les ténèbres ; c'était un vol, comme les deux premiers, mais accompagné de cris qui n'avaient rien de terrestre. Il venait du nord, et allait au midi, complétant le triangle monstrueux déjà ébauché par les oiseaux du lac Stymphale et par les harpies.

— Quels sont ces nouveaux monstres à corps de femme, à ailes de vautour, et à queue de serpent, précédés d'une lueur sanglante, demanda Isaac, et par quel prodige l'un d'entre eux tient-il à la main sa tête fraîchement coupée et toute dégouttante de sang ?

— Ne reconnais-tu pas les trois filles de Phorcys et de Céto, les hideuses gorgones? répondit Apollonius. Elles n'ont à elles trois qu'un œil, qu'une corne et qu'une dent. Cachées dans les entrailles de la terre, elles se croyaient à l'abri de toute attaque; d'ailleurs, qu'avaient-elles à craindre? leur œil unique n'avait-il pas la fatale puissance de changer en pierre tout ce qu'il regardait? Persée, armé par Minerve de son égide, par Mercure d'une faux de diamant, par Neptune d'un casque qui le rendait invisible, entra dans leur caverne, tandis qu'elles étaient endormies; coupa la tête de Méduse, l'une d'elles, et la remporta sur la terre. Tout le temps qu'il y resta, Persée se servit de cette tête pour combattre ses ennemis; mais, au moment de remonter au ciel, il la rendit à Méduse, en ayant soin, toutefois, de substituer à l'œil terrible qui pétrifiait un œil de diamant qui éclaire. Voilà pourquoi Méduse tient à la main sa tête tranchée ; et c'est cet œil de diamant qui, illuminant la route des trois horribles sœurs, permet que tu les voies traverser les airs... D'ailleurs, si tu tiens à les regarder de plus près, la chose te sera facile tout à l'heure. Viens ! elles vont où nous allons.

Et les voyageurs continuèrent leur chemin.

Au bout de cent pas à peu près, Isaac vit quelque chose se mouvoir sur la route; des étincelles semblaient se jouer tantôt rampant dans la poussière du chemin, tantôt s'élevant à la hauteur d'un ou deux pieds. En approchant il reconnut que c'étaient deux longues couleuvres qui se battaient; ce qu'il avait pris pour des étincelles, c'étaient leurs yeux de rubis; ces étincelles s'élevaient ou s'abaissaient selon que les couleuvres rampaient à terre ou se dressaient sur l'extrémité de leur queue.

Isaac voulait chasser les deux reptiles de son bâton; mais Apollonius le retint, et, allant à une touffe de coudrier, coupa une baguette longue de trois pieds, et grosse comme le pouce; puis il revint vers les deux couleuvres, et, avec un sifflement qui paraissait un ordre, jeta entre elles sa baguette de coudrier.

Aussitôt le combat cessa, et les couleuvres s'enroulèrent autour de la baguette.

Apollonius ramassa ce nouveau caducée, et continua son chemin.

Il était facile, au reste, de s'apercevoir que l'on approchait du lieu terrible. — Un monticule bornait l'horizon, et, de l'autre côté de ce monticule, on entendait une de ces rumeurs profondes auxquelles il est impossible de désigner une cause, et qui tiennent à la fois du sifflement du vent dans les arbres desséchés, du mugissement de la mer roulant sur les cailloux, des cascades se précipitant dans les ravins; en outre, une de ces lueurs comme on en voit flotter de loin au-dessus des incendies illuminait l'air, et faisait paraître d'un rouge de sang les rares étoiles que l'on apercevait à travers sa sombre vapeur.

Des météores rayaient sans bruit le ciel, et se croisaient en tous sens.

Le chemin se resserrait peu à peu, et n'offrait plus pour passage qu'une gorge étroite.

Tout à coup, un sifflement terrible se fit entendre, et un gigantesque serpent dont les énormes anneaux interceptaient la route dressa sa tête, et, en la balançant, menaça les voyageurs de ses yeux de braise, de son triple dard et de ses dents aiguës.

Mais Apollonius s'avança, et, lui présentant son caducée :

— Ne me reconnais-tu pas, Python ? lui dit-il ; ce n'est cependant pas la première fois que nous avons affaire l'un à l'autre... Allons, fils de la boue ! allons symbole de la matière ! au nom d'Apollon, dieu du jour, fais place à l'esprit !

Le serpent poussa un dernier sifflement, et, s'affaissant sur lui-même, retomba, boue et fange fétide, au milieu du chemin.

Les voyageurs passèrent en évitant

de toucher de leurs pieds cette boue et cette fange, et continuèrent leur route.

A peine avaient-ils fait un stade, que la terre s'ouvrit à vingt pas d'eux : un lion énorme en jaillit, rugissant, la crinière hérissée, battant ses flancs de sa robuste queue.

Apollonius marcha à lui, et, lui présentant le caducée, comme il avait fait pour le serpent :

— Lion de Némée, lui dit-il, tu oublies que je viens de Corinthe. Il y a huit jours, j'ai visité ta caverne : elle était vide! Lion de Némée, j'ai vu ta peau sur les épaules d'Hercule... Va! et tente d'effrayer un autre que moi; car, moi, je sais que tu n'es qu'une ombre. Au nom de ton vainqueur, laisse-nous passer!

Le lion s'abîma dans les entrailles de

la terre, qui demeura béante à l'endroit où il avait disparu.

Les deux voyageurs contournèrent le gouffre, et poursuivirent leur route.

Mais, presque au même instant, un nouveau monstre parut au haut du monticule, et descendit au-devant des voyageurs : il avait la tête d'un lion, le corps d'une chèvre, la queue d'un dragon; par sa gueule ouverte, il lançait des tourbillons de flamme.

Apollonius ne s'effraya pas plus de cette flamme qu'il ne s'était effrayé des rugissements du lion, et des sifflements du serpent. Il marcha vers le monstre, le caducée toujours en avant.

— Fille de Typhon et d'Échidna, fantastique Chimère, dit-il, je n'ai ni les flèches ni le cheval ailé de Bellérophon ; mais je sais le mot magique avec lequel te dompta le roi de Lycie... Chimère, disparais! et livre-nous le passage.

Et Apollonius prononça un seul mot en touchant la chimère du bout de son caducée; à l'instant même, elle se résolut en fumée.

Alors, se retournant vers Isaac :

— Viens, dit-il, rien ne nous empêche plus d'avancer.

Et tous deux, en quelques minutes, atteignirent le point le plus élevé du monticule. De là, leur regard dominait toute la plaine.

La lune, en ce moment, montait lentement au ciel derrière le Pelion, sanglante comme le bouclier d'airain sur lequel on vient de rapporter à sa mère un jeune Spartiate égorgé.

CHAPITRE XXVIII.

CENTAURE ET SPHINX.

Les voyageurs avaient à leurs pieds le fleuve que, du haut de l'Othrys, ils avaient vu se tordre dans la plaine; seulement, en face d'eux, il décrivait une demi-courbe pareille à celle d'un immense fer à cheval, et c'était de l'autre côté de sa rive que se tenait l'infernale assemblée commandée pour eux par Canidie.

Tout le terrain compris dans ce circuit du fleuve, qui, à la lueur des flammes fantastiques courant sur sa rive, semblait le repli d'un gigantesque serpent dont la tête s'abreuve à la mer, tandis que la queue rampe encore dans les rochers du Pinde, paraissait être devenu, pour cette nuit, le domaine de Canidie et de sa terrible cour.

Pas un des monstres de la mythologie antique ne manquait au rendez-vous: satyres aux pieds de bouc, cyclopes à l'œil unique, arimapses du mont Riphée, sphinx d'Asie aux ailes d'aigle, aux griffes de lion, au visage et au sein de femme; sphinx d'Égypte aux têtes ceintes de bandelettes d'Anubis, oiseaux stymphalides au bec de fer, gorgones aux cheveux de serpents, harpies aux mains immondes, griffons de l'Inde, gardiens des trésors; syrènes épanouissant à fleur d'eau leurs têtes de déesses, empuses au pied d'âne, hydre de Lerne aux têtes renaissantes, — tout s'était rendu à l'appel de la reine de la magie.

Chaque monstre faisait l'œuvre de son caprice ou obéissait aux ordres d'une sorcière ; de là venait ce bruit impossible à décrire qui tenait tout ensemble du sifflement du vent et du mugissement de la mer ; de là venait cette lueur que l'on voyait de loin comme la vapeur d'un incendie, et qui couvrait toute cette portion de la plaine d'un dôme de fumée rougeâtre dans laquelle, ainsi que dans leur élément familier, nageaient des chauves-souris aux ailes gigantesques.

Aucun bateau n'était amarré à la rive du fleuve ; mais à peine les deux voyageurs, éclairés par le reflet des flammes, apparurent-ils rougissants au sommet du monticule, que les syrènes s'approchèrent de la rive, et, avec cette voix ravissante qui avait failli perdre Ulysse et ses compagnons, invitèrent Apollonius et Isaac à se confier à elles pour gagner l'autre bord.

Mais Apollonius, sans les écouter, haussant la voix :

— Holà! vieux Chiron, cria-t-il, viens à nous, et transporte-nous sur l'autre rive. Je te donnerai, pour récompense, des nouvelles de ton élève Achille, qui m'est apparu sur les côtes de la Troade, et qui m'a chargé d'un message pour toi.

Apollonius n'avait pas encore prononcé le dernier mot, que déjà le maître de tant de héros fendait de sa robuste poitrine les eaux du Pénée, et se dirigeait vers eux; quelques secondes lui suffirent pour traverser le fleuve; quelques autres, pour franchir l'espace qui séparait la rive du monticule.

Isaac regardait avec une curieuse attention l'homme-cheval, symbole de la science antique, dont le nom veut dire *main habile*, et qui devait le jour aux amours de Saturne et de la nymphe Philyre. Il savait que magie, divination, astrologie, médecine, musique, étaient des choses familières à l'être singulier qu'il avait devant lui; il savait que, dans sa longue carrière, toute consacrée à l'immortalisation de l'humanité, si cela peut se dire, Chiron avait vu passer, non-seulement sous ses yeux, mais encore entre ses mains, les principaux héros de l'antiquité: Céphale, Phœnix,

Aristée, Hercule, Nestor, Amphiaras, Thésée, Pelée, Jason, Méléagre, Hippolyte, Castor et Pollux, Machaon et Podalyre, Ménesthée, Diomède, Ajax, Palamède, Esculape, Ulysse, Antiloque, Énée, Protésilas, Achille, avaient été ses élèves ; or, tous ces hommes, tous ces héros, tous ces demi-dieux dont le génie, l'adresse ou la force avait veillé sur le berceau de l'humanité, — les uns sages législateurs, les autres dompteurs de monstres, les autres destructeurs de brigands, les autres fondateurs d'empire, les autres ancêtres de peuples, — leur génie, leur adresse, leur force même, c'était au divin centaure qu'ils le devaient.

Celui-ci s'arrêta devant les deux voyageurs.

— Ah! c'est toi, Apollonius, dit-il;

sois le bien venu, toi et celui qui est à ta droite, dans notre vieille Thessalie... Je t'attendais : un songe m'avait prévenu de ton arrivée, et je savais que l'ombre d'Achille t'était apparue. Raconte-moi ce qu'il t'a dit, afin que je fasse pour lui ce qu'il désire.

— Illustre centaure, répondit Apollonius, laisse-moi te dire d'abord comment me fut accordée cette faveur de voir ton divin élève. — C'était à mon retour de l'Inde; j'avais résolu de visiter la Troade, et de faire, comme Alexandre de Macédoine, des libations au tombeau du fils de Thétis et de Pelée. Je savais que, lorsque Ulysse avait voulu évoquer son ombre, il avait creusé la terre sur sa tombe, et y avait répandu le sang des agneaux; je ne pouvais agir ainsi, étant pythagoricien, et, par conséquent, ennemi de ceux qui répandent le sang. Mais je m'approchai du monument l'âme pleine de respect et de terreur, et je dis :

« — O divin Achille! le vulgaire te croit mort; mais ce n'est l'avis ni de Pythagore, mon maître, ni celui des sages de l'Inde, ni celui des savants d'Égypte, ni le mien... Si tu vis donc, comme je le crois, divin Achille, daigne m'apparaître, et me donner tes ordres ou tes conseils! »

J'eus à peine prononcé ces paroles, que le tombeau trembla légèrement, et que, sans que je visse les pierres se fendre, il en sortit un beau jeune homme de vingt-six à vingt-huit ans, à la taille surhumaine, aux cheveux parfumés et serrés autour du front par une bandelette de pourpre brodée d'or. Il était vêtu d'un habit militaire à la thessalienne, portait son glaive à sa ceinture, et tenait dans sa main deux javelots au fer doré. Homère l'a peint bien beau mais je le trouvai plus beau encore que ne l'avait dit Homère. — A sa vue, je fis un pas en arrière, frappé tout à la fois de crainte et d'admiration; mais lui, avec un sourire charmant et presque féminin :

« — Apollonius, me dit-il, ne crains rien, car tu es aimé des dieux! C'est avec plaisir que je te vois, et il y a longtemps que j'ai été prévenu que tu devais me visiter; aussi t'ai-je attendu pour te charger de dire aux Thessaliens que je regrette de les voir négliger de me faire les sacrifices que me font ces mêmes Troyens à qui j'ai coûté tant de braves guerriers. Il est vrai que, de tous côtés, les sacrifices deviennent plus rares; il est vrai que les temples sont de plus en plus désertés; il est vrai que les prières et l'encens se détournent de l'Olympe... Peut-être quelque grand changement se prépare-t-il au ciel et sur la terre; mais, en attendant, va en Thessalie, et dis aux Thessaliens, s'ils ne veulent pas ressentir les effets de ma colère, d'être plus fidèles à mon souvenir!

« — J'obéirai, divin Achille, répondis-je; mais, puisque vous voici, puis-je me hasarder à vous demander une grâce?

» — Je t'entends, dit Achille; tu désires me faire trois questions sur ce qui s'est passé dans la ville de Priam... Parle, je te répondrai.

» — Eh bien, je désire apprendre de

vous-même si vos funérailles se sont faites de la façon que disent les poëtes; si vous avez été véritablement trempé dans le Styx, et si Polyxène a été égorgée pour l'amour de vous.

» — Beaucoup ont raconté mes funérailles d'une manière différente, répondit Achille; mais voici ce que je te dis, à toi, et ce que tu pourras répéter. La tombe m'est douce, attendu que je la partage avec mon ami Patrocle; une seule urne — une urne d'or — renferme nos deux cendres, confondues comme si nous n'étions qu'un seul et même corps. Quant à mon invulnérabilité, et à mon immersion dans le Styx, c'est une fable des poëtes; et voici la vérité. Tu sais que ma mère Thétis avait épousé contre son gré le roi Pelée, à qui mon maître, le centaure Chiron, avait appris à lancer l'arc et le javelot, et donné les conseils à l'aide desquels il subjugua ma mère; or, Thétis, qui était déesse, ne voulant conserver que ceux de ses enfants qui naîtraient immortels, plongea ses sept premiers fils, le jour même de leur naissance, dans une chaudière d'eau bouillante placée au-dessus d'un vaste foyer : tous succombèrent. Le jour où elle me mit au monde, elle me prit par le talon pour en faire autant de moi que des autres, et sans doute allais-je succomber à mon tour, — car ma divinité ne m'est venue que des grandes choses que j'ai accomplies, et des louanges des poëtes, — lorsque mon père accourut, m'arracha de ses mains au moment où j'étais déjà suspendu sur la chaudière fatale, et me confia aux soins de celui qui, trente ans auparavant, avait été son précepteur. Enfin, quant à Polyxène, elle ne fut pas tuée par les Grecs; mais elle se rendit volontairement à mon tombeau, et, y ayant trouvé mes armes, elle tira du fourreau cette même épée que je porte aujourd'hui encore à mon côté, se jeta dessus, et se tua en honneur de notre amour.

» — Maintenant, divin fils de Thétis, lui dis-je, une dernière question. »

Achille sourit et me fit signe de la tête qu'il était prêt à me répondre.

« — Il s'agit de Palamède, » continuai-je.

Achille poussa un soupir.

« — Parle, dit-il.

» — Palamède était-il réellement au siége de Troie, et, s'il y était, d'où vient qu'Homère ne parle pas de lui? Homère a-t-il pu passer sous silence un homme qui trouva les poids et mesures, fixa le mois lunaire, inventa la tactique, les échecs, les dés ; qui ajouta à l'alphabet grec les cinq lettres : Φ, X, Θ, Σ, Υ, sans lesquelles notre alphabet serait incomplet ; un homme, enfin, qui a reçu les honneurs divins dans l'Eubée, et au pied de la statue duquel j'ai, de mes yeux, lu cette inscription : *Au Dieu Palamède* ?

» — Je vais t'expliquer le silence d'Homère, me répondit Achille. Non-seulement Palamède est venu au siége de Troie, mais encore j'oserai dire que, sans lui, il n'y aurait pas eu de siége de Troie, puisqu'il fut un des instigateurs les plus zélés de cette guerre, et déjoua la ruse d'Ulysse, qui voulait se dispenser d'y prendre part...

» — Et quelle était cette ruse? demandai-je.

» — Ulysse contrefaisait l'insensé, ne voulant reconnaître personne de ceux qui lui étaient chers, et s'occupant, dans sa feinte folie, de labourer le sable de la mer, et d'y semer des cailloux. La multitude était dupe de ce jeu, et les chefs des Grecs étaient déjà résolus à se passer d'Ulysse, quand Palamède prit Télémaque dans son berceau, et le déposa sur la ligne du sillon que devait tracer Ulysse. Arrivé là, Ulysse, pour ne pas blesser l'enfant, leva le soc de sa charrue; alors, Palamède s'écria : « Vous voyez bien que sa folie est feinte, » puisqu'il a reconnu son fils! » Ulysse fut donc forcé de prendre part à la guerre; mais il conçut une grande haine pour l'homme qui l'avait obligé de quit-

ter sa femme et son fils ; Palamède paya
cette haine de sa vie. Après avoir fait
voile pour Troie avec trente vaisseaux,
après avoir fait reconnaître l'autorité d'A-
gamemnon, après avoir tué de sa main
Déiphobe et Sarpedon, après avoir inventé
une foule de jeux pour distraire les soldats
pendant ce long siége, Palamède, que le
regard oblique d'Ulysse n'avait jamais
perdu de vue, Palamède tomba victime
de la ruse du roi d'Ithaque : Ulysse
chargea un prisonnier phrygien de faus-
ses lettres à l'adresse de Palamède, et
fit tomber le prisonnier dans une em-
buscade où il périt ; en même temps, il
déposait une somme d'argent dans la
tente de Palamède. Or, les lettres trou-
vées sur le messager furent portées au
conseil des Grecs ; dans ces lettres, Palamède parlait de vendre l'armée grec-

que à Priam, et disait au vieux roi qu'il avait reçu l'argent envoyé par lui pour prix de sa trahison ! On courut à la tente de Palamède, on trouva la somme énoncée dans la lettre, et, avant qu'il eût eu le temps de se défendre, Palamède était lapidé !... Maintenant, pourquoi Homère n'a-t-il point parlé de Palamède ? C'est que c'était une tache à faire à la mémoire de son héros bien-aimé... Oh ! continua Achille les larmes aux yeux, que n'ai-je été prévenu de ce qui se faisait contre toi, mon cher Palamède ! je fusse venu à ton aide, et je t'eusse sauvé !... Mais, toi, Apollonius, ajouta-t-il, puisque tu as prononcé le nom de Palamède, sois deux fois le bienvenu : occupe-toi de lui, au lieu de t'occuper de moi ; visite son tombeau ; il est dans l'île de Lesbos, près de Méthymne. Relève sa statue, si elle était renversée ; et, toi, l'ami des sages et des poëtes, venge Palamède de l'oubli d'Homère ! »

Et, à ces mots, comme un coq chantait dans une pauvre chaumière qui s'élève à quelques pas du tombeau d'Achille, et dont les assises sont faites des pierres écroulées de ce tombeau, le héros jeta un éclat pareil à celui d'une étoile qui glisse dans les cieux, et disparut.—Voilà, illustre Chiron, ce que j'avais à te dire de la part de ton élève Achille.

— Merci, sage Apollonius, répondit le Centaure ; et, maintenant, dispose de moi, pour toi et ton compagnon... Ne désirez-vous pas que je vous transporte sur l'autre bord ?

— Oui, répondit Isaac, surtout si vous voulez, illustre centaure, aborder en face de ce sphinx, auquel j'ai quelque chose à demander... Cependant, si cela vous dérangeait trop de votre chemin, prenez Apollonius sur votre dos, et je traverserai le fleuve tout seul.

— Ne tente pas cela, étranger! dit le centaure. Les eaux du Penée sont profondes et rapides, et pourraient, fusses-tu aussi bon nageur que Léandre, rouler ton cadavre à la mer!

— Chiron, dit Isaac avec un sourire mélancolique, j'ai traversé des fleuves plus rapides et des mers plus profondes que le Penée, et ni mers ni fleuves n'ont rien pu contre moi : je suis immortel!

Chiron regarda le Juif avec une extrême compassion.

— Tu es homme et immortel à la fois? dit-il; je te plains!... Moi aussi, j'ai été immortel, et, aujourd'hui, j'ai le bonheur de n'être plus qu'une ombre!

Hercule, par mégarde, m'avait blessé d'une de ses flèches ; les douleurs que je ressentis de l'inguérissable blessure furent telles, que Jupiter eut pitié de moi, et me permit de mourir... Oh! tu es immortel, répéta Chiron, immortel! je te plains!...

Le Juif fit un mouvement d'impatience.

— C'est bien, dit Chiron ; peut-être n'as-tu pas encore eu le temps de te lasser de l'immortalité, et de désirer la tombe... Marche dans ta voie, et, lorsque tu seras gémissant et désespéré comme je l'étais, je te souhaite, pour te permettre la mort, un Dieu aussi compatissant que le fut Jupiter... Maintenant, je vais te conduire à ce sphinx à qui tu as affaire, et à qui j'ordonnerai de te répondre.

Et, pliant les genoux, Chiron offrit sa large croupe aux deux voyageurs, renversant sa tête en arrière pour que sa longue chevelure blanche pût leur servir de bride.

Tous deux se placèrent sur le dos du centaure, qui prit le galop, se plongea dans le fleuve, passa au milieu des syrènes, dont la merveilleuse voix échoua contre l'indifférence d'Isaac et la sagesse d'Apollonius, et il les déposa de l'autre côté du Penée, en face du sphinx, qui, morne et immobile, les regardait venir avec ses yeux de granit.

Chiron cueillit une herbe qu'il chercha pendant quelque temps sur le bord du fleuve, en frotta la bouche de l'animal séculaire : à l'instant même, les lèvres se desserrèrent, et le souffle de vie entra dans son corps.

— Que veux-tu, divin Chiron? demanda le sphinx.

— Je veux que tu répondes à cet étranger, qui m'est amené par Apollonius, lequel vient lui-même de la part de mon élève Achille, et qui a des questions à te faire.

— Qu'il parle, dit le sphinx, je répondrai.

Isaac s'avança vers le sphinx. Il était facile de deviner, à l'expression de son visage, que la question qu'il allait adresser au monstre égyptien avait pour lui une grande importance.

— Ne t'ai-je pas vu, lui demanda Isaac, à Alexandrie, en face du tombeau de Cléopâtre, à mon retour de Nubie?

— Oui, dit le sphinx; seulement, si tu as suivi le Nil, si tu as visité Éléphantine, Philœ, Luxor, Memphis, comment me reconnais-tu au milieu de ce troupeau d'animaux de mon espèce que tu as vus, immobiles et muets, regardant s'écrouler les villes des pharaons, et couler le vieux dieu *Noute-Fen*, que les profanes appellent le Nil?

— Je te reconnais à ta griffe brisée, dit Isaac; je me suis assis sur ton socle, et, pensant que j'aurais, un jour, affaire à toi, j'ai ramassé et conservé le fragment de granit qui te manque. — Le voici.

Le Juif tira de son manteau l'extrémité de la griffe du sphinx, qu'il avait, en effet, conservée.

Le sphinx leva sa patte droite; Chiron s'avança, prit des mains d'Isaac le fragment de granit, et, comme il eût fait pour une blessure vivante, il le rajusta au membre mutilé de l'animal. Le sphinx laissa lentement retomber sa patte ; puis, l'allongeant à l'égal de son autre patte, se retrouva couché le ventre contre terre dans sa posture accoutumée.

— Étais-tu depuis longtemps à la place où je t'ai vu? demanda Isaac.

— Depuis la fondation d'Alexandrie, c'est-à-dire depuis près de quatre cents ans. Il y avait quinze cents ans que le pharaon Aménophis, fils de Toutmosis, m'avait fait tailler dans le même bloc de granit dont il tira la statue de Memnon, et m'avait rangé sur la route du temple de Luxor avec deux cents autres sphinx comme moi. Dinocrates, l'architecte d'Alexandre, nous fit venir de Thèbes, moi et cent de mes compagnons, pour veiller aux portes des palais, à l'angle des rues, et sur les places d'Alexandrie.

Je fus chargé de veiller à la porte du Lac, et, depuis près de quatre cents ans, j'accomplis ma mission sans avoir une seule fois fermé la paupière.

— Bien, dit le Juif; alors, tu as vu Cléopâtre?

— Laquelle?... L'Égypte a eu plusieurs reines de ce nom.

— La fille de Ptolémée Auletès, la femme de Ptolémée XII, la maîtresse de Sextus Pompée, de César et d'Antoine.

— As-tu oublié ce que tu disais toi-même tout à l'heure : que je veillais près de son tombeau?

— Il y a bien des tombeaux vides... Le tombeau de Cléopâtre pourrait être de ce nombre.

— Cléopâtre est dans son tombeau.
— Tu en es sûr?
— Je l'ai vue revenir d'Actium tout

éplorée ; je l'ai vue se préparer à la mort en essayant des poisons sur les esclaves ; je l'ai vue bâtir son tombeau ; je l'ai vue presser elle-même les ouvriers, car elle craignait qu'il ne fût point achevé pour l'heure de sa mort ; je l'ai vue, au moment où Octave marchait de Péluse à Alexandrie, se réfugier dans ce tombeau avec Charmion, sa suivante, et Iras, sa coiffeuse. Puis bientôt je vis apporter Antoine blessé : il était poursuivi par les soldats d'Octave, et, comme Cléopâtre craignait, en ouvrant la porte de fer du tombeau à Antoine, de l'ouvrir aussi aux soldats, je la vis, aidée de ses deux femmes, hisser avec des cordes le blessé jusqu'à la fenêtre, et, par cette fenêtre, l'introduire dans le tombeau. Une heure après, j'entendis des sanglots et des gémissements dans le mausolée : Antoine était mort!... Le lendemain, Octave lui-même vint frapper à la porte du tombeau, et ce fut Cléopâtre qui lui ouvrit la porte. Il entra, et, un quart d'heure après, je le vis sortir disant durement à Cléopâtre de s'apprêter à le suivre à Rome, pour orner son triomphe; puis la porte se referma derrière lui. Un instant après, Iras, à son tour, se glissa furtivement par la porte entr'ouverte; je la vis causer avec un paysan qui venait de vendre des figues au marché d'Alexandrie; ils parurent convenir d'un fait. Iras donna au jardinier quelques pièces d'or, et rentra dans le tombeau; toute la journée, j'en entendis sortir des sanglots et des gémissements; le soir venu, je vis le paysan s'avancer dans l'ombre avec précaution : il tenait à la main une corbeille pleine de figues; il frappa trois fois à la porte du tombeau. La porte s'entr'ouvrit; la main blanche de la reine d'Égypte reçut la corbeille, et laissa tomber une bourse; après quoi, la porte se referma. Le paysan vint s'asseoir sur mon socle, compta trente pièces d'or, et, secouant la tête :

« — Singulière fantaisie! murmura-t-il, de payer trois mille sesterces un pareil reptile! »

Puis, sûr qu'il avait bien son compte, il se leva, et disparut du côté du lac. Presque au même instant, j'entendis dans le tombeau un léger cri, et, toute la nuit, des soupirs et des plaintes... Le lendemain, au point du jour, Octave vint pour chercher Cléopâtre. Cette fois, du plus loin que Charmion et Iras l'aperçurent, elles ouvrirent les portes devant lui ; alors, à travers l'ouverture, je pus voir Cléopâtre froide, inanimée, vêtue de son costume de reine, et couchée sur son tombeau : elle s'était fait mordre par l'aspic que lui avait apporté le paysan dans son panier de figues, et elle était morte presque aussitôt. Ce faible cri que j'avais entendu, c'était celui que lui avait arraché la morsure... Depuis ce jour, Cléopâtre dort sur son tombeau, dont Octave a fait sceller sur elle la porte d'airain.

— Merci, répondit Isaac, voilà tout ce que je voulais savoir... Maintenant, si j'ai besoin de toi, où te retrouverai-je ?

— Ici, dit le sphinx ; à moins que Canidie, qui m'a fait venir d'Égypte, et qui, pour que je pusse traverser la mer, m'a attaché aux épaules ces ailes de bronze, ne m'appelle et ne dispose de moi.

— En ce cas, ne crains rien, dit Apollonius ; c'est nous qu'elle attend ; et elle n'a d'ordres à donner, cette nuit, que ceux que nous lui donnerons nous-mêmes.

Et, se retournant vers le Juif :

— Tu sais tout ce que tu voulais savoir relativement à Cléopâtre ?

— Oui, dit Isaac.

— Eh bien, alors, ne perdons pas de temps, car je vois là-bas, au milieu de ce cercle de flamme, Canidie, qui nous attend, et qui s'impatiente en nous attendant.

— Allons, dit le Juif.

Ils s'éloignèrent dans la direction indiquée par Apollonius, et le sphinx rentra dans le silence et l'immobilité qu'il gardait depuis deux mille ans !

CHAPITRE XXIX.

INCANTATIONS.

Une fois sur la rive gauche du Penée, les voyageurs s'étaient trouvés au milieu des mystères magiques que chacun accomplissait pour son compte et dans un but personnel.

Ainsi qu'il arrive dans une maison de fous, où chaque insensé poursuit son idée sans s'inquiéter de celle de son voisin, il était rare de voir un lien ou même un rapprochement quelconque s'établir entre deux êtres agissants, ou entre les choses qu'ils faisaient. Les satyres pourchassaient les nymphes à travers les grandes herbes de la plaine et les lauriers-roses du fleuve; les arimaspes fouillaient la terre pour y chercher des trésors; les sphinx d'Asie coiffaient artistement leurs cheveux de femme, et, comme les courtisanes grecques, faisaient signe à ceux qui passaient de s'arrêter; les sphinx d'Égypte proposaient des énigmes que nul ne s'inquiétait de résoudre; les oiseaux du lac Stymphale combattaient contre les harpies; les griffons de l'Inde défendaient l'or qu'ils étaient chargés de garder; les sirènes chantaient des vers d'Orphée en s'accompagnant de la lyre; les empuses essayaient de se faire passer pour des nymphes, et de tromper dans

l'obscurité quelque satyre amoureux;
l'hydre de Lerne cherchait, avec des
sifflements horribles, deux de ses têtes
qu'elle ne pouvait retrouver; enfin,
Cerbère aboyait avec acharnement contre
les gorgones, qui, lui présentant sans
résultat, la tête de Méduse, dont Persée
avait détruit l'efficacité, le menaçaient
de leur unique corne et de leur seule
dent.

On comprend quel bruit, quel tumulte, quelle agitation insensée devait
produire, dans un si étroit espace, une
pareille agglomération d'êtres si divers
accomplissant des œuvres si différentes.

Cependant, grâce au caducée d'Apollonius, chacun s'écartait devant les
voyageurs; mais, derrière eux, le chemin
ouvert se refermait comme s'efface le
sillage à la suite d'un vaisseau.

Sur la route parcourue par Apollonius et Isaac, deux magiciennes, compagnes de Canidie, faisaient leur mystérieuse besogne ; l'une d'elles, une baguette à la main, tournait rapidement autour d'un brasier ardent dans lequel, à chaque tour, elle jetait un des nombreux objets qu'elle avait à la main.

C'était d'abord du sel, puis une branche de laurier, puis une petite figure de cire, puis des lames d'airain sur lesquelles étaient gravés des caractères inconnus, puis des flocons de laine de brebis teinte en pourpre, puis des cheveux d'un homme assassiné, arrachés à un crâne à moitié dévoré par les bêtes fauves; puis, enfin, une fiole pleine du sang d'un enfant tué par sa mère, une heure après sa naissance.

Et, en tournant, elle chantait sur un air bizarre :

« Je répands ce sel dans ce feu en disant : « Je répands les jours de Poly-
» clète ! » Je jette cette branche de laurier dans la flamme en disant : « Que
» le cœur de Polyclète devienne la proie
» d'une flamme aussi inextinguible que
» celle qui dévore cette branche ! » Je jette cette statue de cire dans ce brasier en disant : « Que la santé de Polyclète
» fonde sur le brasier de la fièvre comme
» dans le brasier fond cette cire !... »
Que ses os rougissent comme rougit cette lame d'airain où est écrite la malédiction à laquelle nul ne résiste !...
Que le sang qui jaillira de son front rende ses cheveux de la couleur de cette laine pourpre !... Que son crâne se sèche comme ce crâne que j'ai arraché

dans un charnier à un chien et à un loup affamés qui se le disputaient!... Que son sang soit maudit, enfin, comme celui de cet enfant, tué par sa mère au moment où il venait de voir le jour! Et qu'il tourne sans cesse, sans relâche et sans repos, autour de la maison de celle qu'il a trahie, comme je tourne autour de ce bûcher!... »

Les voyageurs passèrent et n'en entendirent pas davantage.

Vingt pas plus loin, ils rencontrèrent la seconde magicienne. Celle-là avait enlevé, sur un lieu de supplice, une croix à laquelle était cloué un condamné, et l'avait emportée de l'Épire en Thessalie, de Buthrotum à Larisse, avec une telle rapidité, que le patient avait franchi quatre cents stades entre son avant-dernier et son dernier soupir. Là, elle avait planté la croix en terre, et, tandis que le condamné n'était pas encore refroidi, elle, cramponnée à ses jambes, lui coupait les cheveux de la main gauche, arrachait avec ses dents les clous qui l'attachaient à la croix, et recueillait dans une petite urne lacrymatoire le sang à demi figé qui découlait des plaies...

Les voyageurs passèrent et n'en virent pas davantage.

Vingt pas plus loin encore, au milieu d'un cercle magique, les cheveux épars, les jambes nues, vêtue d'une tunique couleur de cendre, une baguette à la main, Canidie les attendait assise sur la pierre d'une tombe.

Elle se leva en voyant les deux voyageurs s'approcher d'elle.

— Eh bien, demanda-t-elle en s'adressant à Apollonius, es-tu content, seigneur, et t'ai-je servi selon tes souhaits?

— Oui, dit Apollonius. Maintenant, passons à la chose importante. Voici un étranger qui m'est recommandé par mes amis les sages de l'Inde; il a trois questions à t'adresser auxquelles personne n'a encore pu répondre. Y répondras-tu, toi?

— La science est bornée, et il y a des questions auxquelles il est défendu aux simples mortels de répondre.

— Il lui faut une réponse, cependant; et c'est pour cela que je t'ai ordonné, non-seulement de te trouver ici, mais encore d'y réunir autour de toi les plus savantes de tes compagnes.

— Quelles sont donc ces trois questions, alors? Que ton ami s'avance et le dise.

Isaac s'avança et, regardant sans pâlir la hideuse magicienne :

— D'abord, dit-il, je veux savoir en quel lieu de la terre, du ciel ou des enfers demeurent les parques ; — ensuite, qu'il faille monter ou descendre, comment on parvient jusqu'à elles ; — enfin, par quelle conjuration on peut leur arracher le fil d'une personne qui a déjà vécu, et que l'on veut faire revivre...

— Malheureux ! s'écria Canidie effrayée, quelles sont donc tes intentions ?

— Je croyais n'avoir pas à te rendre compte de mes intentions ; je croyais qu'il me suffisait de t'exprimer mes désirs, répondit froidement Isaac.

— Ignores-tu que nul n'a de puissance sur les MÈRES, et que le grand Jupiter lui-même reconnaît leur empire ?

— Je te dis ce que je veux... Peux-tu ou ne peux-tu pas?

Canidie secoua la tête.

— Nous pouvons bien, dit-elle, rendre pour un instant la vie aux morts; mais, ceux à qui nous rendons la vie, la mort nous les amène par la main, et ne les quitte pas.

— Trois mortels, cependant, ont repassé l'Achéron : Eurydice, Alceste, Thésée.

— Eurydice n'a pas même revu le jour!

— Parce que Orphée a manqué aux conventions faites; mais les deux autres sont revenus sur la terre, et y ont vécu de longues années.

— Soit! nous essaierons!

Et, ramenant à sa bouche ses deux mains réunies, elle fit entendre par trois fois le cri du hibou:

Au premier cri, les deux autres magiciennes près desquelles étaient passés Apollonius et Isaac levèrent la tête.

Au second cri, celle qui tournait autour du feu cessa de tourner, et accourut.

Au troisième cri, celle qui avait torturé l'agonie du criminel sauta en bas de la croix, et accourut.

Toutes trois se prirent par la main de manière à former un cercle, rapprochèrent leurs têtes hideuses, et semblèrent se concerter.

— Eh bien? demanda le Juif au bout d'un instant.

— Eh bien, dit Canidie, nulle de nous ne peut résoudre tes questions; mais nous allons te faire parler à une plus savante que nous.

— A l'œuvre! dit le Juif.

— Allons, Sagane, allons, Mycale,

dit Canidie; toi, les herbes; toi, l'agneau noir.

De longues ailes de chauve-souris se déployèrent aux épaules des deux sorcières, qui disparurent chacune dans une direction différente.

Canidie s'approcha de la tombe sur laquelle elle était assise lorsque les deux voyageurs étaient arrivés, et, soulevant avec effort la pierre qui recouvrait cette tombe, elle la dressa et l'abattit du côté opposé.

Puis, avec ses ongles, elle se mit à creuser la fosse, qui se trouvait découverte.

Les deux voyageurs regardaient, — Apollonius avec curiosité, Isaac avec impatience, — s'accomplir l'œuvre infernale.

Sous les ongles de Canidie, on voyait apparaître et blanchir les os d'un squelette.

Comme la poitrine du cadavre commençait à être dégagée, Sagane revint tenant entre ses bras un faisceau d'herbes, et Mycale, portant sur ses épaules un agneau noir.

Canidie fit glisser à travers les os de cette poitrine, à laquelle il fallait rendre la vie, les viscères d'un lynx, le cœur d'une hyène, la moelle d'un cerf, les yeux d'un basilic, le foie d'un céraste ; le tout arrosé de la salive d'un chien hydrophobe et de l'écume qui tombe de la lune quand les conjurations la forcent de descendre sur la terre.

Puis, prenant l'agneau noir des mains de Mycale, elle lui ouvrit avec les dents la veine du cou, et fit couler le sang dans les veines desséchées du cadavre.

Ensuite, prenant les herbes des mains de Sagane, elle en fit un amas au-dessus de l'endroit où le sang avait coulé et y mit le feu.

Alors, les trois magiciennes, se prenant par la main, tournèrent en rond autour de ce feu en chantant un chant magique.

Et elles tournèrent ainsi jusqu'à ce que deux d'entre elles tombassent de fatigue, Sagane la première, Mycale la seconde. Canidie seule resta debout.

Mais aussitôt elle se mit sur ses genoux et sur ses mains, et, approchant sa bouche de la terre, elle hurla, rugit, imita la plainte de l'orfraie, le sifflement des aspics, le gémissement du flot qui se brise contre le rocher, la plainte des forêts qui se courbent sous le vent de l'orage, le fracas du tonnerre qui tombe, enfin, tous ces bruits terribles de la création qui peuvent faire tressaillir un mort sous la pierre de son sépulcre.

Puis, se relevant, presque menaçante, les yeux fixés sur la terre, la baguette étendue vers les dernières flammes flottantes au-dessus du foyer magique :

— Pluton ! monarque des enfers ! dit-elle, toi qui, las de l'immortalité, te plains de ne pouvoir mourir ; Proserpine ! toi qui hais la clarté du jour ; triple Hécate, qui nous regardes du haut de ton disque pâlissant ; Euménides vengeresses, par qui je commerce et m'entretiens avec les mânes ; vieux nautonier du Styx, à qui je fournis tant d'ombres ; noires divinités que j'invoque d'une bouche souillée de sang, exaucez mes vœux, et réunissez-vous, afin d'obtenir des parques qu'elles renouent pour un instant le fil de celle qui dort dans le tombeau !

Puis, trois fois, à voix haute :

— Je t'adjure de reprendre la vie, et de m'apparaître.... Lève-toi! lève-toi! lève-toi! cria Canidie.

Alors, la terre de la fosse frissonna, se fendit, et laissa grandir le spectre d'une femme d'une cinquantaine d'années, qui, de retour sur la terre, conservait les restes de cette beauté terrible et menaçante que donne le séjour du tombeau.

Elle était enveloppée d'un suaire sous lequel le corps dessinait sa roideur cadavérique.

— Qui m'appelle? demanda le spectre, d'une voix qui n'avait rien d'humain.

Apollonius allongea le bras pour pousser Isaac; mais celui-ci avait déjà fait un pas vers le fantôme.

— Moi! répondit-il.

— Qui es-tu? demanda le spectre.

-- Qui es-tu toi-même? demanda Isaac.

— Je suis, répondit le spectre, celle qui a prédit Pharsale à Pompée, Philippes à Brutus, Actium à Antoine.

— Tu es Érichto, dit le Juif. Eh bien, Érichto, je veux savoir quelle est la demeure des parques, comment on peut arriver jusqu'à elles, et par quelle conjuration on peut en obtenir le fil d'un mortel qui a vécu, et que l'on veut faire revivre.

Érichto secoua sa tête, où les vers du sépulcre avaient, comme des larmes vivantes, creusé leurs sillons.

— Aux regards les plus perçants, dit-elle, il y a une limite; à la science la plus étendue, il y a des bornes... Adresse ta question à une autre : je ne sais pas.

— Et à qui faut-il que j'adresse ma question?

— A notre aïeule, à notre maîtresse, à notre divinité, à celle qui a rajeuni le vieil Éson, à la toute-puissante Médée.

— Et quant à toi?

— Quant à moi, je n'ai rien de plus à te dire... Laisse-moi donc me recoucher dans ma tombe : le sommeil de la mort est bon pour ceux qui désirent oublier qu'ils ont vécu.

— C'est bien, dit le Juif; recouche-toi, et dors.

Le spectre se renfonça dans la terre lentement, et comme une épée qui rentre dans son fourreau; puis, sur un geste du Juif, Sagane et Mycale, dressant la pierre du tombeau dans le sens opposé où l'avait fait Canidie, la laissèrent retomber sur la fosse.

Alors, Isaac, s'adressant à Canidie :

— Tu as entendu, dit-il; je veux interroger Médée.

Canidie se tourna vers le sud.

— O Médée! dit-elle, puissante enchanteresse! toi dont la science a sondé tous les mystères de la vie et de la mort; toi dont le nom signifie à la fois énergie et magie, amour et beauté, virginité et meurtre; Médée, au nom de ton frère Absyrte, déchiré par tes mains; au nom de ta rivale Glaucé, empoisonnée par toi; au nom de tes deux fils, Mermère et Phérès, égorgés par leur mère, — parais!

A peine cette invocation était-elle prononcée, qu'un double sillon de flamme brilla aux plus lointains horizons du ciel; il venait du midi, et, s'approchant avec rapidité, permit bientôt de distinguer, à travers une vapeur rougeâtre comme celle qui sort d'une fournaise, une femme arrivant debout sur un char traîné par deux dragons volants.

Le double sillon de lumière, c'était l'haleine de feu de ces coursiers ailés.

Le char descendit en face du groupe composé des trois magiciennes, d'Apollonius et d'Isaac.

La femme qu'il amenait était merveilleusement belle, et surtout royalement majestueuse et fière; elle avait le front ceint d'une couronne de cyprès; elle portait, sur une longue robe blanche, un peplum de pourpre, et tenait à la main une baguette dorée ayant la forme d'un sceptre.

La seule chose qui indiquât qu'elle n'appartenait plus au monde des vivants, c'était la pâleur sépulcrale répandue sur son visage.

De même, dit-on, que le lion reconnaît, au milieu des chasseurs, celui dont la main l'a blessé, et se retourne contre lui, de même Médée ne se trompa point à la voix qui l'avait évoquée, et, s'adressant, sombre et le sourcil froncé, à Canidie :

— Que me veux-tu? demanda-t-elle, et pourquoi me fais-tu venir du fond de la Phénicie, où je dormais si bien dans mon tombeau royal?

— C'est elle qui t'a appelée, il est vrai, dit Isaac; mais c'est moi qui veux t'interroger.

Et, se séparant du groupe au milieu duquel il était confondu, il s'avança vers la magicienne.

— Parle! dit Médée.

— J'ai trois questions à te faire, reprit Isaac; trois questions auxquelles personne n'a répondu jusqu'ici : — Où demeurent les parques; — Comment arrive-t-on jusqu'à elles? — Par quelle conjuration peut-on tirer de leurs mains le fil d'une personne qui aurait déjà vécu, et que l'on voudrait faire revivre?

Médée secoua la tête.

— Il était inutile de me tirer violemment du sommeil éternel pour me faire ces trois questions, dit-elle. Si j'eusse su où demeurent les parques, comment on pénètre jusqu'à elles, et par quelle conjuration on en obtient le fil qui renoue la vie, j'eusse dû les chercher partout où elles eussent été, et je les eusse forcées de renouer le fil de la vie de mes deux enfants, que j'avais, dans un moment de rage, de désespoir, de folie, tranché de mes propres mains!

— N'as-tu donc pas, dans la chaudière mystique, dans l'*argha* mystérieuse, à l'aide d'herbes magiques cueillies à minuit, et au clair de lune, rajeuni le vieil Éson, père de ton amant?

— Rajeunir n'est pas ressusciter, fit Médée. Les dieux seuls ont parfois vaincu la mort, et je ne suis pas une déesse.

— J'ai, cependant, vu, moi, dit Isaac, un homme opérer de pareils miracles.

— Tu te trompais, dit Médée; celui que tu prenais pour un homme était un dieu...

Isaac frappa violemment la terre du pied.

— Il faut, pourtant, dit-il, que, de toi ou d'un autre, j'apprenne ce que je veux savoir.

— Écoute, dit Médée, il te reste encore un espoir.

— Lequel? Parle.

— Il existe, enchaîné sur le Caucase, un homme ou plutôt un Titan dont le crime est d'avoir donné une âme à ce qui n'existait pas... Peut-être ce Titan pourra-t-il t'indiquer le moyen de rendre une âme à ce qui n'existe plus.

— Prométhée? murmura Apollonius.

— Prométhée? répéta le Juif.

— Prométhée! redit la magicienne.

— Je le croyais délivré par Hercule, dit Isaac.

— Hercule a tué le vautour qui lui rongeait le foie; mais il n'a pu briser les attaches de diamant qui l'enchaînaient au rocher.

— C'est bien, dit Isaac; j'irai trouver Prométhée sur le Caucase.

— Attends, dit Médée; peut-être ne le verras-tu point d'abord, et, ne le voyant point, douteras-tu de sa présence... Jupiter, dont cette longue et implacable vengeance faisait accuser la justice, a, pour dérober Prométhée aux yeux des hommes, amassé autour de lui les vapeurs et les nuages du ciel;

mais, lorsque tu te trouveras en face de ces vapeurs et de ces nuages, appelle trois fois Prométhée, et le Titan te répondra.

— Merci, dit Isaac. Et, puisqu'il vous en coûte tant, à vous autres morts, de sortir de vos tombes, rentre dans la tienne, et tâche de t'y rendormir.

Et, d'un geste, il fit signe à Médée qu'il lui rendait sa liberté.

Le char s'enleva, reprit la direction qu'il avait suivie pour venir, et disparut entre le Pélion et l'Othrys.

— Et, maintenant, magicienne, dit Isaac à Canidie, indique-moi le moyen le plus rapide de me rendre au Caucase.

Canidie fit entendre un sifflement aigu comme celui d'un Thessalien appelant son cheval, et, à travers la vapeur qui, ainsi que nous l'avons dit, s'élevait de la plaine, et formait au-dessus d'elle un dôme de fumée, on vit arriver une troupe de sphinx et de griffons.

— Choisis la monture qui te sera le plus agréable, dit-elle; et, si, comme Hellé, le vertige ne te précipite pas dans quelque fleuve, dans quelque détroit ou dans quelque mer, au point du jour, tu seras sur le Caucase.

Isaac reconnut son sphinx parmi les animaux de la même espèce, qui étaient venus à l'appel de Canidie.

Il alla à lui, et, lui posant la main sur la tête comme fait un cavalier sur le cou de son cheval :

— Allons, dit-il, mon vieil enfant de l'Égypte, conduis-moi où je veux aller, et je te ramènerai d'où tu viens.

Puis, à Apollonius :

— Au revoir, mon savant compagnon de voyage! lui dit-il; si je réussis dans mon entreprise, je n'oublierai pas ce que je te dois.

— Isaac! Isaac! murmura Apollonius, j'ai bien peur que, comme ce Prométhée que tu vas interroger, tu ne t'attaques à un dieu plus puissant que toi!

— Qu'importe! dit Isaac en enjambant son mystérieux coursier, il est peut-être aussi grand que son vainqueur, le vaincu que l'on est obligé de clouer à une montagne avec des anneaux d'airain et des chaînes de diamant!

Alors, et comme s'il n'eût attendu que ce dernier mot, le sphinx s'éleva, battant l'air de ses ailes de bronze, et, prenant sa route entre l'Ossa et le Pélion, s'élança, rapide comme la flèche d'un Parthe, dans la direction du Pont-Euxin.

CHAPITRE XXX.

LE TITAN.

Le chemin que suivait Isaac à travers les vastes champs de l'air était le même à peu près qu'avaient suivi à travers les écueils de la mer Égée, les rochers de la Propontide, et les tempêtes du Pont-Euxin, ces hardis argonautes dont nous avons nommé les principaux chefs.

Dans sa course, rapide comme celle de l'aigle, Isaac vit bientôt fuir derrière lui la Thessalie; puis se perdirent dans le sombre azur des nuits les sommets neigeux de l'Ossa et du Pélion; puis la terre disparut, et le voyageur aérien ne distingua plus au-dessous de lui, dans l'abîme du vide, que la mer Égée, qui, réfléchissant les étoiles, semblait un ciel inférieur à la surface duquel apparaissaient, comme des nuages immobiles, irréguliers et de formes différentes, les îles de Scyathos, d'Halonèse, d'Hiéra, de Lemnos, d'Imbros et de Dardanie; puis, semblable à un immense serpent se déroulant au fond d'un ravin, apparut à son tour le détroit d'Hellé; puis, comme un vaste bouclier macédonien, la Propontide; puis, enfin, le Pont-Euxin, dominé, à son extrémité orientale, par la gigantesque masse caucasique, courant du Phase aux Palus-Méotides.

Le sphinx s'abattit de lui-même sur une des cimes inférieures de la montagne, ayant devant lui le pic principal, qui a donné son nom à toute la chaîne, et aux flancs duquel roulait — sombre et mouvante ceinture — un océan de nuages.

Isaac mit pied à terre; et, débarrassé

de son cavalier, le sphinx replia ses ailes, et s'accroupit gravement à la pointe d'un rocher qui surplombait un abîme.

Le voyageur ne doutait point qu'il ne fût arrivé en face de l'endroit désigné par la magicienne Médée, et que ces nuages amassés autour de la montagne ne lui dérobassent le corps du Titan.

C'était bien là, d'ailleurs, le paysage grandiose et sauvage à la fois qu'il s'était représenté comme servant de théâtre à la tragédie d'Eschyle. Pareil à une île sortant du sein de la mer, on voyait s'élever au-dessus des nuages le double sommet du Caucase, étincelant, aux premiers rayons du jour, comme une double pyramide de diamant, tandis que, plus sombre et plus profonde que la nuit, une immense forêt de chênes et de sapins surgissait au pied de la montagne, et, se hissant le long de ses hanches robustes, semblait une armée de vaillants guerriers montant à l'assaut d'une forteresse, et se perdant dans des tourbillons de fumée ; enfin, une troupe de vautours tournait, d'un vol lent et circulaire, autour du géant de granit, et, cela, à une hauteur si grande, qu'elle semblait une troupe d'éperviers, et que ses cris les plus aigus arrivaient à peine jusqu'à terre.

Une cascade bondissante blanchissait au fond d'une ravine, et, parvenue au bas du rocher, prenait sa course rapide et bruyante vers le Pont-Euxin.

Isaac rassembla toutes ses forces, et, à trois reprises différentes, d'une voix qui alla éveiller les plus profonds échos de la montagne, il cria :

— Prométhée ! Prométhée ! Prométhée !

Un bruit pareil à celui d'un ouragan se fit entendre ; un mouvement d'oscillation ébranla les nuages, qui s'écartèrent devant un souffle puissant, et qui, à travers une large déchirure, laissèrent voir le visage du Titan.

Il se penchait en avant, de toute la longueur de sa chaîne tendue, pour voir qui l'avait appelé.

Mais, s'étant assuré qu'il n'avait sous les yeux qu'une de ces faibles créatures qu'on désigne sous le nom d'hommes, il laissa retomber sa tête en arrière, en poussant un soupir qui courba la cime des chênes et des sapins comme eût fait une rafale du vent d'ouest.

Isaac avait seulement entrevu le visage sublime du Titan; mais cette apparition lui avait suffi pour reconnaître qu'il était devant celui qu'il cherchait.

Il cria donc de nouveau :

— Prométhée! Prométhée! Prométhée!

L'océan de nuages s'agita une seconde fois sous une haleine pareille à celle qui sort des cavernes de Strongyle quand Éole livre aux quatre vents les plaines du ciel, et, lancée en avant par un violent effort, la tête du Titan sortit tout entière, déchirant le voile de vapeurs qui la cachait.

— Fils de la terre, demanda Prométhée, qui es-tu?

Et sa voix, éclatante comme le bruit du tonnerre, gronda avec un si formidable retentissement, qu'Isaac, surpris, frissonna... Le sphinx, inquiet, se dressa sur ses pieds, et les vautours qui planaient au-dessus de la montagne donnèrent, épouvantés, un si puissant coup d'aile, qu'ils disparurent à l'instant même dans les profondeurs azurées du ciel.

— Qui je suis? répondit Isaac, un Titan comme toi! un maudit comme toi! un immortel comme toi!

— Et de quel suprême bienfait as-tu donc doté l'humanité pour que Jupiter t'ait maudit? demanda le Titan avec amertume.

— Ce n'est pas Jupiter qui m'a maudit, répondit Isaac; c'est un dieu nouveau à qui j'ai nié sa divinité.

Et le Juif, en quelques mots, raconta au Titan ce que nous avons nous-même raconté.

Prométhée l'écouta avec une profonde attention, et quelque chose comme un éclair de joie illumina son visage sillonné par la foudre.

— Un dieu nouveau! répéta-t-il après le Juif; ne disait-on pas qu'il était né d'une vierge, qu'il venait de l'Égypte, et qu'il devait mourir pour les hommes?

— Oui, répondit Isaac étonné, l'on disait cela.

— Et n'est-il pas mort, en effet? demanda le Titan.

— Il est mort en effet, répéta le Juif.

— Ah! s'écria Prométhée joyeux, voilà donc pourquoi, depuis quelque temps, je me sens mourir moi-même!...

Jupiter! Jupiter, je vais donc enfin t'échapper!

Et, de son poing captif et meurtri, le Titan essaya de menacer le ciel.

— Tu te sens mourir? répéta le Juif étonné; tu n'es donc pas immortel, toi?

— Non, par bonheur! Un oracle bienfaisant m'a annoncé que je cesserais d'exister, et, par conséquent, de souffrir, lorsqu'un dieu, en mourant pour les hommes, et en descendant aux enfers, me rachèterait, non pas de la mort, mais de la vie... Ce dieu doit faire, du vieux monde d'Ouranos, de Chronos et de Zeus*, un monde nouveau; et, moi, contemporain de ce vieux monde, je vais mourir avec lui! Sois le bienvenu, toi, qui m'apportes cette bonne nouvelle, et demande-moi, en échange, ce que tu voudras.

Isaac passa la main sur son front couvert de sueur. Pour la troisième fois, il

---

* Dont les latins ont fait *Uranus*, *Saturne* et *Jupiter*.

entendait dire — la première fois ç'avait été par les hommes; la seconde fois, par les morts, et, la troisième fois, c'était par les dieux; — que la vie était un supplice, et la mort un bienfait.

Or, il était condamné à la vie.

Cependant, l'offre que lui faisait le Titan lui rendit son courage.

— Tu me demandes ce que je veux en échange de la bonne nouvelle que je t'apporte? dit Isaac; le voici. — Je veux savoir où demeurent les parques, — comment on arrive jusqu'à elles, — et par quelle conjuration je puis en obtenir le fil d'une personne ayant déjà vécu, et que je veux faire revivre... Peux-tu me dire cela, toi?

Et il attendit avec anxiété.

— Oui, répondit Prométhée, je puis te le dire.

— Ah! fit à son tour Isaac joyeux.

— Mais à une condition, reprit Prométhée.

— Laquelle? demanda anxieusement le Juif.

— Oh! sois tranquille, elle n'est pas difficile à accomplir, répondit le Titan, il s'agit d'arracher mon cadavre à la vengeance du dieu qui, depuis quatre mille ans, torture mon corps.

— Tu ordonneras, dit le Juif, et je ferai selon tes ordres... Seulement, puisque je t'ai raconté, moi, pourquoi j'étais maudit, dis-moi à ton tour pourquoi tu as été condamné.

— Oui, dit Prométhée; si tu dois me survivre jusqu'au jour de la destruction de ce monde, il est bon que tu transmettes mon histoire aux hommes, car les hommes pourraient encore croire à la justice de ces dieux qui vont enfin être détrônés... Écoute.

Au commencement fut le Chaos, puis la Terre au vaste sein, mère prédestinée et base inébranlable de tous les êtres, ayant le ténébreux Tartare dans le fond de ses abîmes, et, à sa surface, l'Amour, le plus beau des dieux immortels.

Telles sont les quatre essences primordiales du monde, les quatre agents primitifs de la création, incréés et préexistant à tout, même aux dieux.

Le Chaos, c'est-à-dire le vide, l'infini, le lieu de toutes choses, l'abîme confus, ténébreux, insondé, du sein duquel sortira plus tard le monde organisé et visible.

Puis, au sein même du Chaos, la Terre ou plutôt la surface terrestre flottant dans le vide, et centre futur du futur univers.

Puis, dans les profondeurs de la Terre, le Tartare, région sombre et inférieure opposée à la région supérieure et lumineuse; — symbole de ce penchant que conservera la Terre, dégagée du Chaos, à se replonger partiellement dans ce Chaos.

Enfin, à la surface de la Terre, Éros

ou l'Amour, agent suprême de la création, principe de mouvement et d'union, qui rapproche tous les êtres, cause efficace des générations divines et humaines *.

Nul — pas même le plus savant des dieux — ne sait depuis combien de temps les choses étaient ainsi, lorsque, du Chaos, source éternelle et indéterminée des ténèbres, sortirent l'Érèbe et la Nuit, c'est-à-dire les ténèbres inférieures et supérieures, déterminées et accidentelles.

L'Érèbe fut les ténèbres déterminées du Tartare, ténèbres inférieures ; la Nuit fut les ténèbres accidentelles de la Terre, ténèbres supérieures.

En ce moment, pour la première fois, l'Amour secoua son flambeau, et, par ce premier effet du grand procréateur, de la Nuit unie à l'Érèbe, naquit le Jour.

* Voir sur la théogonie d'Hésiode, dont Prométhée donne ici un aperçu du beau travail de M. Guigniaut.

— Dès lors, le Jour alterna avec la Nuit dans les régions supérieures de la Terre, tandis que l'Érèbe restait seule dans les régions inférieures, et y faisait les ténèbres éternelles.

L'Amour secoua une seconde fois son flambeau, et, d'elle-même, la Terre enfanta Ouranos, c'est-à-dire l'Espace. — L'Espace, c'était le ciel étoilé, la voûte céleste qui couvre la Terre; c'était l'opposé du profond Tartare.

Puis elle s'unit à son fils, et, de l'hymen de la Terre et du Ciel, naquit l'Océan, le fleuve des fleuves, et Téthys, la mère des eaux douces et nourricières, et dix autres enfants dont le dernier fut Chronos, le Temps.

Ainsi, la première période fut Ouranos ou l'Espace.

Ouranos savait qu'il devait être détrôné par son fils Chronos, c'est-à-dire que le temps devait succéder à l'Espace; aussi, à mesure que ses enfants naissaient, les replongeait-il dans le sein de la Terre, leur mère.

Mais la Terre prit parti pour les fils contre le père; elle tira Chronos de son sein, l'arma d'une faux tranchante, et le plaça sur le chemin de son époux; — puis, quand le grand Ouranos, amenant la nuit sur ses pas, vint pour la visiter, d'un coup de la faux terrible, Chronos mutila son père, dont le sang tombé sur la Terre y produisit les Furies, les géants et les nymphes, et dont le sang tombé dans la mer, et mêlé à son écume, produisit Aphrodite, la fille du ciel et des eaux, la déesse de la beauté.

A partir de ce moment, Chronos succède à Ouranos, le Temps à l'Espace, et la seconde période commence.

Puis, comme Chronos savait que lui aussi devait être détrôné par Zeus, c'est-à-dire par la Création, il résolut, à l'exemple d'Ouranos, de se défaire de ses enfants; mais, au lieu de les confier à sa femme Rhéa, — c'est-à-dire à l'éternel effluve de la vie, à la source de toutes les choses qui vivent, meurent et se reproduisent, il prit des mains de Rhéa ses enfants, au fur et à mesure de leur naissance, et les dévora...

Mais nul ne peut s'opposer aux arrêts du destin : Chronos eut beau engloutir successivement Hestia ou *Vesta*, Déméter ou *Cérès*, Héra ou *Junon*, Adès ou *Pluton*, Poseïdon ou *Neptune;* arriva à son tour, Zeus, que Rhéa résolut de sauver comme la Terre avait sauvé Chronos. En conséquence, après avoir accouché secrètement, elle donna à son époux une pierre en forme d'enfant qu'il avala croyant avaler le nouveau-né.

Pendant ce temps, le futur roi du monde, nourri par la chèvre Amalthée, grandissait en force et en volonté, et, au bout d'un an, se trouvait assez puissant pour déclarer la guerre à son père.

La guerre dura dix ans, Zeus ou

Jupiter ayant pour lui les Titans, Chronos ayant pour lui les géants. — Chronos fut vaincu; Jupiter, armé de la foudre forgée par les Cyclopes, détrôna son père, et le monde entra dans la troisième période, c'est-à-dire que la Création succéda au Temps, comme le Temps avait succédé à l'Espace.

J'étais au nombre des Titans. Quoique fils d'Ouranos et de Thémis, j'aidai Zeus de mes conseils, et, grâce à mes conseils, il triompha; car ma mère, qui est la loi, m'avait donné la sagesse.

Une fois Zeus roi du monde, il s'agissait pour lui de peupler la terre. — Je t'ai déjà dit que son nom voulait dire *création*. — Il forma la chaîne des animaux, qui, du polype, monte aux quadrupèdes, et, du poisson, aux oiseaux; puis, enfin, le dernier de tous, comme devant être le plus parfait, il créa l'homme. — Mais l'homme, plus parfait de forme, puisque c'était la forme divine qu'il avait reçue; l'homme demeura l'égal des autres animaux. Zeus, craignant, sans doute, à son tour, d'être détrôné par l'homme, lui avait refusé l'intelligence... L'homme marchait courbé, l'homme n'avait pour règle que l'instinct; l'homme vivait, mais l'homme n'existait pas!

Je ne voulus point que cela fût ainsi.

Je dérobai au ciel le feu divin; je l'apportai sur la terre, et j'en fis passer une étincelle dans la poitrine de chaque homme. — L'homme, à l'instant même, se releva, dressa sa tête vers le ciel, parla, pensa, agit: il avait une âme! Mais, du moment où l'homme eut une âme, il voulut être libre, et Zeus eut un ennemi.

Zeus ne pouvait foudroyer l'homme; — dieu de la création, il ne pouvait détruire sa création; — ce fut sur moi qu'il se vengea.

Un jour, Vulcain, secondé par la

Puissance et la Force, s'empara de moi, ils me transportèrent sur cette montagne ; ils m'y lièrent à des anneaux d'airain avec des chaînes de diamant.

Tant que durait le jour, un vautour me rongeait le cœur ; la nuit venue, mon cœur renaissait, et, au jour, le bec de l'oiseau vengeur retrouvait sa pâture, et, moi, je retrouvais mon supplice... Les seules déesses qui vinssent pleurer sur moi étaient les océanides ; le seul dieu qui osa me plaindre fut l'Océan.

Un jour, Mercure s'abattit à l'endroit même où tu es maintenant ; il venait, au nom de Jupiter, me proposer la liberté, si je voulais lui dire quel dieu le détrônerait un jour, et de quelle façon il pouvait combattre ce dieu. Mais je lui répondis :

« — J'ai déjà vu chasser deux rois du ciel, et je verrai la chute du troisième... Que Zeus reste assis dans sa sécurité ; qu'il compte sur ce bruit qu'il roule à travers l'étendue ; qu'il secoue dans sa main le dard enflammé! Vain appareil, qui ne le gardera pas de tomber d'une chute irréparable, tant il sera terrible, cet adversaire qui trouvera un feu plus puissant que le feu de la foudre, des éclats plus retentissants que les éclats du tonnerre, et dont la volonté brisera l'arme fatale qui fait bondir la terre, et qui soulève les flots * !

» — Eh bien, dit Mercure, prends garde, car Zeus te reprend ton immortalité, et tu mourras lors de la venue de ce dieu! »

Et Mercure remonta au ciel.

Mon supplice continua et dura deux mille ans!...

Au bout de deux mille ans, — sur les prières des océanides, mes fidèles consolatrices, — Hercule vint me visiter. Il eut honte pour le tyran des tortures

* Voyez dans Eschyle cette prophétie qui s'y trouve mot à mot (*Prométhée enchaîné.*)

qu'il me faisait souffrir ; il tua le vautour qui me rongeait le cœur, et essaya de briser mes chaînes. Pendant trois jours et trois nuits, Hercula s'épuisa en efforts inutiles : mes chaînes étaient de diamant ; Vulcain lui-même les avait forgées ; la Force et la Puissance les avaient scellées dans le roc ! Et, cependant, à chaque secousse qu'il donnait à ces chaînes, la terre tremblait ! Je fus le premier à lui dire de renoncer à cette entreprise insensée. Il s'éloigna en soupirant de rage : c'était la première fois qu'il rencontrât une résistance matérielle impossible à vaincre...

Depuis ce temps, j'appelle de mes souhaits ce dieu qui doit détrôner Zeus, et, en donnant la vie à un monde nouveau, me donner la mort ! Tu m'annonces l'arrivée de ce dieu : sois le bienvenu, titan de ce monde nouveau ! — Et, maintenant, voici ce qui te reste à faire : Je ne veux pas que mon cadavre, comme le fut mon corps, demeure éternellement enchaîné; or, il n'y a que le feu qui, en les réduisant en cendres, puisse arracher mes os à mes entraves de diamant. Mets le feu à la forêt qui s'étend sous moi; c'est un bûcher digne d'un Titan! et, près de mourir, par le Styx, je te jure que, du milieu des flammes, je te dirai ce que tu veux savoir!

— Oh! Prométhée! murmura tristement le Juif; c'est donc vrai, qu'il est bon de mourir?...

— N'as-tu pas entendu ce que je t'ai dit, interrompit Prométhée, que je vivais depuis quatre mille ans, et que j'étais enchaîné depuis trois mille?... Hâte-toi donc, mon seul et unique libérateur! toi qui auras fait pour moi plus qu'Hercule; toi qui m'auras débarrassé de la vie, mon véritable vautour!...

Et la voix de Prométhée s'éteignit faiblissante; les forces du Titan, ces forces qui avaient lutté contre les géants aux cent bras, ces forces qui avaient roulé Pélion du haut de l'Ossa, ces forces étaient épuisées.

On eût dit qu'il n'attendait pour entrer dans son agonie que cette nouvelle que venait de lui apporter le Juif.

Aussi, Isaac comprit-il qu'il n'avait pas de temps à perdre pour accomplir les vœux du mourant. Il descendit de la colline où le sphinx l'avait déposé, entra dans la cabane d'un bûcheron, y prit une hache, gravit le Caucase, se perdit dans la nuée immense, et, arrivé aux limites supérieures de la forêt, se mit à l'œuvre.

Bientôt, sous la hache terrible, les chênes, les hêtres et les sapins tombèrent comme les épis sous la faux; du fond de la vallée, on les entendait craquer dans leur chute, et l'on voyait descendre bondissants du Caucase les rochers qu'ils déracinaient en tombant.

Le soir même, un formidable entassement d'arbres s'élevait au-dessous du corps du Titan.

Alors, le Juif descendit, frotta l'une contre l'autre jusqu'à ce qu'elles eussent pris feu deux branches sèches arrachées à un térébinthe, les déposa au pied d'un sapin gigantesque, et remonta sur le versant opposé où l'attendait le sphinx, qui s'était accroupi de nouveau dans son silence et dans son immobilité.

L'incendie était allumé.

Faible et pareille à ces premiers rayons de l'aube qui, tout pâles qu'ils sont, annoncent, cependant, la venue du char dévorant du Soleil, la flamme sembla d'abord hésiter à s'étendre, craindre de se développer; on aurait pu croire qu'elle se bornerait à consumer l'écorce résineuse à laquelle elle était attachée; mais peu à peu les deux arbres les plus proches de celui qui brûlait s'embrasèrent à leur tour; puis ceux-ci communiquèrent la flamme à leurs voisins. Un rideau de feu s'étendit sur toute la largeur de la forêt, et commença de s'élever en rampant aux flancs de la montagne, tandis que la fumée, sombre panache de l'incendie, se mêlait aux nuages, et se confondait avec eux.

Mais, à mesure que l'incendie montait, la flamme chassait fumée et nuages, et, dans ce pur éther qui flotte au-dessus du feu, on pouvait distinguer le corps gigantesque du Titan.

Isaac regardait avec épouvante! chacun des poignets de Prométhée était scellé à l'une des assises du Caucase; l'écartement de ses bras était de mille coudées, et la longueur du corps couvrait la montagne sur un tiers de sa hauteur.

La nuit était venue; mais il était difficile de s'apercevoir de l'obscurité : l'immense bûcher avait remplacé le soleil, et la clarté qu'il jetait autour de lui suppléait à la lumière du jour.

Le Pont-Euxin réfléchissait l'incendie, et semblait, comme un autre Achéron, rouler des vagues de feu.

L'incendie gagnait rapidement, et le Titan apparaissait splendide de majesté dans son cadre de flamme.

Tout à coup, comme un vol de cygnes, sortirent du sein des flots les océanides, ces fidèles amies de Prométhée qui, depuis trois mille ans, venaient, chaque jour, se coucher une heure à ses pieds, et répandre sur sa douleur le baume de leur douce tristesse. Elles étaient neuf, comme les muses, et se nommaient Asie, Calypso, Climène, Dioné, Doris, Eudore, Ianire, Plexaure, et Thoé.

Elles passèrent au-dessus de la tête du Juif, enveloppées de leurs robes transparentes, tissues du limpide azur de la mer; elles étaient couronnées d'algues, volaient sur une seule file, et, les mains appuyées aux épaules les unes des autres, elles chantaient un chant mélancolique, le chant de mort de Prométhée.

Voici ce qu'elles chantaient :

« Titan contemporain du vieux monde, fils d'Ouranos et de Thémis, toi qui as vu la terre, souriante et sortant du chaos, s'éclairer de sa première aurore, s'obscurcir de ses premières ténèbres; toi qui n'as connu d'être existant avant toi que l'Amour, cette âme incréée de la création; toi qui, du sang du plus grand des dieux, et de l'écume de la mer, as vu naître Aphrodite, mère du plaisir, — il est temps que tu meures, ô Prométhée ! car le vieux monde va mourir !

» Hélas ! tu es d'une race maudite ! Atlas, ton frère, est condamné à porter le monde sur ses épaules; Mnesthée, ton frère, est précipité dans les gouffres les plus profonds du Tartare ; Épiméthée, ton frère, a épousé Pandore, la source de tous les maux ; et toi, pour avoir allumé une âme dans la poitrine de l'homme, tu es enchaîné depuis trois mille ans sur le Caucase. — Il est temps que tu meures, ô Prométhée ! car le vieux monde va mourir.

» Mais grâce à cette âme que tu as donnée à l'homme, l'homme est devenu le rival des dieux ; tout ce qu'il a fait de grand, de noble, de généreux, c'est à toi qu'il le doit ! Héroïsme, poésie, science, gloire, génie, sagesse, renommée, patriotisme, arts, rien de tout cela n'existerait, si tu n'avais pas, larron sublime, dérobé le feu céleste au profit de l'humanité. — Il est temps que tu meures, ô Prométhée ! car le vieux monde va mourir !

» Hercule, Jason, Thésée, Achille, Orphée, Esculape, Hésiode, Homère, Lycurgue, Solon, Eschyle, Léonidas, Aristote, Alexandre, Zeuxis, Apelles,

Périclès, Phidias, Praxitèle, Virgile, Horace, sont tes enfants bien-aimés, tes fils reconnaissants; tous, émanés de toi, sont morts avant toi, et t'attendent aux Champs Élysées pour te faire un cortége comme n'en eut jamais aucun dieu. — Il est temps que tu meures, ô Prométhée! car le vieux monde va mourir!...»

En ce moment, du milieu des flammes, on entendit s'élever la voix du Titan à demi consumé.

Tout se tut, chant des océanides, bruissement de l'incendie, souffle des vents, murmure de la mer, et ces mots arrivèrent à Isaac à travers le voile de feu étendu entre Prométhée et lui :

— Au centre de la terre... — Par l'antre de Trophonius... — Avec le rameau d'or!

C'était la réponse aux trois questions qu'avait faites le Juif.

Les océanides reprirent leur chant interrompu.

« On t'a prédit que ton supplice finirait quand, fils d'une vierge, viendrait d'Égypte un dieu qui détrônerait ton persécuteur, rachèterait les crimes des hommes en mourant pour eux, et en descendant aux enfers. Ce fils d'une vierge est venu d'Égypte, est mort pour les hommes, est descendu aux enfers : ton bûcher, ô Prométhée! dernier reflet du vieux monde, s'éteint sur le Caucase juste au moment où s'allume sur le Golgotha une étoile, phare d'un monde nouveau! — Il est temps que tu meures, ô Prométhée! car le vieux monde va mourir! »

Et, en chantant ainsi, elles flottaient, gracieuses et légères, les belles océanides, autour du bûcher immense qui avait fait du Caucase un Etna, de la montagne un volcan, de la forêt un cratère!

Bientôt un souffle pareil à l'haleine de l'aquilon courba la flamme, qui, un instant, vacilla comme éperdue, mais qui peu à peu reprit sa direction vers le ciel, où tend toute flamme.

Le Titan venait de rendre le dernier soupir d'une vie de quatre mille ans!

Alors, les océanides, en voilant leur visage, tournèrent une dernière fois autour du bûcher, en criant l'une après l'autre : « Adieu! » et reprirent leur vol du côté du Pont-Euxin.

La dernière, en passant au-dessus de la tête d'Isaac, laissa tomber à ses pieds un rameau d'or qu'elle tenait caché dans les plis de sa robe.

Isaac suivit des yeux les belles nymphes, qui allèrent se replonger l'une après l'autre dans le Pont-Euxin, où elles disparurent.

Puis il ramassa le rameau d'or, et, sûr que désormais rien ne s'opposerait plus à son projet, il attendit, reconnaissant envers Prométhée, que la flamme fût éteinte.

Le bûcher brûla trois jours; à la fin du troisième jour, le corps du Titan était entièrement consumé, les anneaux d'airain étaient vides, les chaînes de diamant pendaient inertes au double sommet du Caucase.

Le cadavre était libre, et ses cendres dormaient mêlées à celles de la forêt qui lui avait servi de bûcher.

Alors, Isaac remonta sur le sphinx, et, serrant contre sa poitrine le précieux rameau d'or :

— A l'antre de Trophonius! dit-il tout haut.

Puis, tout bas :

— O fils d'Ouranos et de Thémis, murmura-t-il, le Prométhée du vieux monde est mort ; mais je sens qu'à partir d'aujourd'hui, le nouveau monde a aussi son Prométhée!

Et, de son vol rapide et inflexible, le sphinx obéissant emporta le sombre cavalier vers l'Occident.

CHAPITRE XXXI.

L'ANTRE DE TROPHONIUS.

Dans cette partie de la Béotie qui touche à la Phocide, et qui s'étend de la mer d'Alcyon au lac Copaïs, sur la pente septentrionale de l'Hélicon, près de Trachis, entre Ambryssus et Orchomène, au fond d'une vallée arrosée par le Lamus, s'élève la charmante ville de Lébadée.

Une montagne la domine, et, du haut de cette montagne, descend, bondissant et roulant, une cascade de diamants, la petite rivière d'Hercyne, laquelle, avant d'arriver à Lébadée, côtoie deux sources qui, par la tranquillité et la transparence de leurs ondes, contrastent étrangement avec les eaux de la bruyante et rapide rivière.

Il est vrai que celle-ci, après s'être encaissée, pendant l'espace de dix stades, dans un ravin profond et sombre, va, reparaissant près de la ville, nouer sa fraîche ceinture de gaze autour des murailles, et, continuant son chemin, roule, par une pente douce et par une délicieuse vallée, dans le lac Copaïs.

Ces deux sources dont nous venons de parler, si modestes qu'elles soient, ont, dans toute la Béotie, une réputation presque égale à celle du fameux Permesse, où s'abreuve Pégase et où se désaltèrent les Muses; mystérieuses et cachées comme toutes les choses précieuses, on les appelle le Léthé et la Mnémosyne, c'est-à-dire les sources de l'*oubli* et de la *mémoire*.

A quelques pas de ces deux sources, dans l'endroit le plus sauvage de la vallée, dominé par un sombre bois de chênes, s'élève, ou plutôt s'élevait à l'époque où se passaient les événements que nous avons entrepris de raconter, un petit temple entouré d'une balustrade de marbre blanc sur laquelle, de place en place, se dressaient des obélisques de bronze.

Ce temple était celui où le dieu Trophonius rendait ses oracles.

Comment Trophonius était-il devenu dieu, et rendait-il des oracles? Ce n'était pas chose bien claire pour les Lébadiens eux-mêmes, qui cependant avaient tracé une large et belle route toute bordée de statues, et conduisant de la ville au temple.

Voici ce que l'on racontait sur cette divinité, qui, comme tant d'autres, puisait son origine dans le meurtre et dans le vol.

On sait comment fut découvert cet ancien oracle de Delphes, dont les paroles prophétiques élevèrent et renversèrent des empires. — Des chèvres errantes parmi les roches du mont Parnasse, ayant respiré les vapeurs souterraines qui s'exhalaient d'une gerçure de la terre, bondirent tout à coup, agitées de mouvements extraordinaires ; les bergers qui les cherchaient arrivèrent à la même ouverture, respirèrent les mêmes émanations, furent agités des mêmes mouvements, et, de plus que leurs chèvres, prononcèrent des paroles sans suite qui, recueillies par les assistants, furent déclarées être des oracles. Dès lors, le roi Hyriée résolut de bâtir un temple au dieu à qui la montagne était consacrée. — Ce dieu, c'était Apollon ; ce temple fut le célèbre temple de Delphes.

En conséquence, le roi Hyriée fit venir les deux plus célèbres architectes du temps, c'est-à-dire Trophonius et son frère Agamède; ceux-ci bâtirent le magnifique temple dont il ne reste aujourd'hui d'autres traces que l'image même de ce temple, empreinte sur les médailles de la Béotie, et la description que nous en a conservée l'*Ion* d'Euripide.

Hyriée, dans les souterrains de ce temple, n'avait pas négligé la place réservée au trésor; mais les architectes, de leur côté, dans l'espoir de puiser à ce trésor, s'étaient ménagé, à travers les murailles, un passage connu d'eux seuls, et par lequel, une fois le temple bâti, ils venaient, lorsqu'ils manquaient d'argent, en emprunter au dieu de la lumière et de la poésie; ils y revinrent si souvent, et firent de si profondes saignées à la bourse du dieu, que le roi s'aperçut de la diminution du trésor, sans pouvoir se rendre compte de quelle façon le trésor diminuait; cependant, il mit naturellement le crime sur le compte de voleurs assez adroits pour dérober leurs traces, et, afin de faire cesser le pillage, il plaça des piéges tout autour des vases contenant l'or sacré.

Trophonius et Agamède manquèrent bientôt d'argent; ils descendirent par leur route habituelle, et pénétrèrent dans la salle du trésor avec leur confiance accoutumée; mais, au premier pas qu'il fit pour s'approcher d'un des vases, Agamède, qui marchait devant, jeta un cri : il était dans un piége.

Le piége avait été fait par un mécanicien aussi expert dans son état qu'Agamède et Trophonius étaient habiles dans leur art : il fut impossible à Trophonius de débarrasser son frère de l'étreinte terrible. — Un seul moyen restait pour qu'Agamède ne dénonçât point Trophonius; ce moyen, Trophonius l'employa, tout extrême qu'il était : il trancha la tête à son frère, et s'enfuit, laissant pris au piége un corps tronqué et, par conséquent, méconnaissable.

Il existait, près de Lébadée, une grotte qui traversait la montagne, et avait différentes issues; Trophonius se réfugia dans cette grotte; il y vécut caché à tous les regards, et y mourut ignoré comme il y avait vécu.

Mais Apollon, reconnaissant du magnifique temple qu'il lui avait bâti, et trouvant sans doute fort naturel que l'architecte eût voulu participer aux offrandes qui étaient faites au dieu, Apollon fut blessé de ce que les peuples, non contents d'avoir été indifférents pour Trophonius, du vivant de celui-ci, ne lui rendissent même pas les honneurs funèbres après sa mort. Comme tous les dieux, Apollon avait à sa disposition les fléaux qui peuvent affliger l'humanité; il envoya en Béotie une sécheresse si opiniâtre, que les Béotiens crurent devoir consulter la pythie; la pythie répondit que cette sécheresse durerait tant qu'on ne considérerait pas Trophonius comme un oracle, et qu'on ne suivrait pas ses avis. Les Béotiens ne demandaient pas mieux que d'avoir un oracle de plus ; mais où trouver celui qui leur était indiqué ? Nul ne savait ce qu'était devenu Trophonius depuis le jour où il avait disparu de Delphes.

Un Acréphien nommé Saon eut l'honneur de la découverte. Il eut l'idée de suivre un essaim d'abeilles, et l'essaim le conduisit à l'antre sacré ; là, il trouva le cadavre d'un homme, et, comme, aussitôt que les honneurs funèbres eurent été rendus à cet homme, la sécheresse cessa, personne ne mit en doute que ce ne fût Trophonius.

Cette opinion reçut une confirmation éclatante lorsqu'on reconnut que l'antre dans lequel le corps avait été retrouvé rendait des oracles.

Dès lors, le temple de Delphes eut

son pendant, et la pythie son oracle rival ; oracle terrible, d'ailleurs, qu'il fallait aller chercher dans les régions sombres et souterraines ; temple formidable où l'homme laissait à tout jamais le rire, pour ne revenir sur la terre que le front marqué d'une indélébile pâleur.

En effet, chacun connaissait l'ouverture par laquelle entrait le consultant ; mais nul ne savait ni le temps qu'il resterait dans les entrailles de la terre, ni l'issue par laquelle l'antre rendrait, mort ou vivant, son corps à la lumière du jour.

Le plus grand nombre des consultants restaient un, deux ou trois jours dans l'antre, et, au bout de ce temps, reparaissaient par la même ouverture qui leur avait donné entrée.

D'autres restaient huit jours, un mois, trois mois, et sortaient par des ouvertures inconnues, distantes parfois de plusieurs lieues de Lébadée.

D'autres encore, ainsi que nous l'avons dit, étaient rejetés morts, et c'était seulement leurs cadavres que l'on retrouvait.

D'autres, enfin, ne reparaissaient jamais, et l'antre avare et mystérieux ne rendait pas même leurs cadavres.

C'était ce souterrain qui avait été indiqué par Prométhée à Isaac comme la voie la plus directe pour le conduire chez les parques.

Aussi, deux heures après avoir quitté le plateau du Caucase, le sphinx s'abattait-il au pied de la statue de Trophonius, ouvrage de Praxitèle, représentant le dieu sous les traits d'Esculape.

Cette statue s'élevait au milieu d'une espèce de clairière formant le centre de ce que l'on appelait le *Bois sacré*.

Isaac mit pied à terre, laissa son sphinx s'accroupir silencieux et morne en face de la statue du dieu, et se dirigea immédiatement vers un temple situé à cent pas à peu près de l'antre, et qui était consacré à la Fortune et au bon Génie.

Ce temple était une espèce d'auberge sacrée dans laquelle descendaient les voyageurs qui venaient soit consulter l'oracle, soit visiter ce lieu, dont la réputation s'étendait par toute la terre.

Les serviteurs du temple accoururent au-devant du Juif, afin de s'informer du but de son voyage; s'il venait simplement visiter le temple et ses environs, on lui donnerait un guide; s'il venait consulter l'oracle, il devrait prendre son logement dans une des cellules préparées pour les consultants, et se soumettre aux formalités habituelles.

Isaac répondit qu'il voulait pénétrer au plus profond de l'antre, et qu'il était prêt à accomplir les rites en usage; qu'il demandait seulement que ces rites fussent abrégés autant que possible.

On lui répondit que, le troisième

jour, il lui serait permis de pénétrer dans l'antre.

Sûr désormais d'arriver à son but, Isaac n'avait plus cette impatience fébrile qui paraissait le dévorer auparavant; il accepta le délai de trois jours, et se livra aux prêtres.

Pendant ces trois jours, Isaac dut s'abstenir de vin, et se nourrir des victimes immolées par lui-même; le troisième jour, au soir, il sacrifia un bélier, et, les prêtres ayant consulté les entrailles, et déclaré que Trophonius acceptait le sacrifice, et le tenait pour agréable, il n'eut plus qu'à accomplir les dernières formalités.

Deux enfants le prirent chacun par une main, et le conduisirent près de la rivière d'Hercyne, où ils lui firent faire trois ablutions successives, après l'avoir trois fois frotté d'huile.

Puis, à la place de l'habit qu'il portait, il fut revêtu d'une longue robe de lin, et conduit aux deux fontaines que nous avons déjà nommées, et dont l'une avait pour but d'effacer le souvenir des choses passées, tandis que l'autre devait graver dans l'esprit d'une façon indélébile la mémoire des choses que l'on allait voir.

Soit que les deux sources n'eussent point, en réalité, le pouvoir qu'on leur attribuait, soit qu'elles fussent inefficaces contre l'individualité du Juif, celui-ci n'éprouva aucun des effets que l'absorption de leurs eaux produisait d'ordinaire sur le commun des hommes.

A moitié chemin de la seconde source — c'est-à-dire de la Mnémosyne — à l'ouverture de l'antre, s'élevait une espèce de petite chapelle; Isaac s'y arrêta, et, après y avoir fait sa prière, moins par croyance que pour se conformer aux recommandations de ses guides, il franchit enfin le vestibule du temple, et se trouva dans la grotte sacrée.

Cette grotte semblait taillée à la pointe du marteau; elle était haute de huit coudées, et large de quatre; une échelle dont on apercevait les deux montants supérieurs à l'orifice d'un trou sombre, et s'enfonçant dans la terre à la manière d'un puits, indiquait le chemin à suivre.

Isaac marcha droit vers le trou, et, sans hésitation, s'enfonça dans l'abîme.

Après avoir descendu cinquante échelons à peu près, il se trouva sur une seconde plate-forme. Cette fois, il ne s'agissait plus d'échelle : une simple excavation dont l'ouverture laissait à peine passage au corps d'un homme se présentait à la vue, éclairée par une lampe dont la lumière pâle et tremblante ajoutait encore à la mystérieuse terreur de cette station souterraine.

Deux prêtres attendaient le consultant. S'il voulait s'arrêter là, il était libre de le faire, et la même échelle qui l'avait conduit à la nuit le ramènerait au jour.

Les deux prêtres s'avancèrent vers Isaac : l'un tenait une ceinture pliée; l'autre, des gâteaux de farine et de miel.

— Que décides-tu? demandèrent-ils.

— Je désire continuer mon chemin.

— Alors, nous devons te mettre ce bandeau sur les yeux.

— Mettez, dit Isaac.

Et le prêtre lui banda les yeux.

— Maintenant, demanda le Juif, que me reste-t-il à faire?

— Prends trois de ces gâteaux dans chacune de tes mains.

— A qui sont-ils destinés?

— Aux serpents que tu rencontreras sur ta route. A chaque sifflement que tu entendras, lâche un gâteau, et, moyennant cette offrande à ces génies de la terre, peut-être arriveras-tu au bas de la descente sans être dévoré.

Isaac haussa les épaules.

— Les serpents de ton dieu ne peuvent rien sur moi, dit-il; mais n'importe, puisque je traverse leur domaine, il n'est pas juste que je les prive de leur droit de passage.

Et il prit trois gâteaux de chaque main.

Les formalités nécessaires pour le second étaient accomplies.

— Je suis prêt, dit Isaac.

Les deux prêtres le conduisirent à l'espèce d'excavation qui béait dans l'ombre. Isaac s'assit au bord du gouffre, et se laissa glisser sur la pente, rapidement entraîné par la pesanteur de son corps.

Un autre qu'Isaac n'eut pas su mesurer le temps, préoccupé qu'il eût été de ce qui se passait autour de lui. En effet, à peine eut-il commencé le vertigineuse descente, qu'il entendit à ses oreilles un bruit semblable au mugissement d'une cataracte ou d'une eau violemment battue par des roues de moulin; en même temps qu'il sentait comme la fraîcheur d'un brouillard. Bientôt le bruit et la sensation changèrent : à travers le bandeau qui lui couvrait les yeux, il voyait reluire un vaste incendie, et, comme il avait ressenti la glaciale impression de l'eau, il éprouvait la cuisante chaleur du feu. Enfin, la sensation brûlante disparut, ainsi qu'avait disparu la sensation humide; d'horribles sifflements se firent entendre; il sentit passer sur son visage et sur ses mains des corps froids et visqueux, pareils à ceux des reptiles : alors, il lâcha les uns après les autres les six gâteaux que lui avaient remis les prêtres, glissa quelque temps encore, mais avec moins de rapidité, — ce qui indiquait que l'inclinaison de la pente diminuait, — et, enfin, cessant d'être entraîné par la double impulsion de la déclivité et de la pesanteur, il s'arrêta, couché sur le moelleux tapis d'une espèce de prairie souterraine.

Le premier mouvement d'Isaac fut d'enlever le bandeau qui fermait ses yeux.

Il était, comme nous l'avons dit, couché sur l'herbe d'une vaste prairie éclairée d'une lumière pâle et pareille à celle qui passerait à travers une voûte de verre dépoli.

Treize prêtres pareils à des spectres l'entouraient, le visage voilé.

Isaac se leva et se trouva debout au milieu d'eux.

— Qui que vous soyez, leur dit-il, et à quelque épreuve que vous comptiez me soumettre, je vous déclare que je suis invulnérable et immortel; que je viens, sur l'indication du dernier titan, que j'ai vu mourir, pour pénétrer jusqu'au centre de la terre, où sont les parques, et que voici le rameau d'or qui doit me faire obtenir d'elles ce que j'ai à leur demander, et, à la rigueur, me servir contre vous de glaive et de bouclier.

Et, à ces mots, il tira de sa poitrine le rameau d'or, et l'étendit vers les prêtres voilés.

Mais l'un d'eux, s'avançant :

— C'est l'homme que nous attendions, dit-il à ses collègues.

Puis, au Juif :

— Il est inutile, Isaac, lui dit-il, que tu craignes ou que tu menaces... Tu es entouré d'amis.

— Et il releva, d'une main, l'espèce de linceul qui lui couvrait le visage, tandis qu'il tendait l'autre à Isaac.

— Apollonius de Tyane ! s'écria celui-ci.

J'ai su par les enchantements de Canidie que c'était à l'antre de Trophonius que t'avait renvoyé Prométhée, et je suis venu t'attendre... Tu vois en moi l'un des initiés de cette demeure souterraine, où j'ai vécu un an; vingt fois j'ai tenté de faire le voyage que tu vas faire, et toujours j'ai été forcé de m'arrêter là où l'air, comprimé par les couches terrestres, cesse d'être respirable pour un simple mortel... Jusqu'où j'ai pu aller moi-même, je te conduirai; toi, tu continueras ton chemin, et, au retour, si les dieux ne t'ont pas recommandé le secret, tu nous diras ce que tu as vu.

— Mais, demanda Isaac, pourquoi, connaissant la route qui mène au centre de la terre, ne me l'as-tu pas indiquée toi-même, et sans retard?

— Chacun de nous fait un serment, serment terrible! de ne point révéler aux profanes ce qui lui a été découvert pendant son initiation, et je devais tenir ma parole. Après les épreuves, l'initié apprend qu'à l'extrémité de cette prairie, s'ouvre une caverne par laquelle on peut descendre jusqu'au centre de la

terre ; s'il veut tenter le voyage, on lui
donne une torche et des vivres, et il
l'entreprend ; s'il refuse, l'oracle répond
aux questions qu'il lui adresse, et il re-
monte vers la lumière... Ceux qui remontent ainsi, c'est le plus grand nombre, la presque totalité... Mais d'autres
risquent le voyage, et s'avancent plus
ou moins profondément dans les entrailles de la terre ; de là vient le plus
ou moins de temps qu'ils restent parmi
nous. D'autres, enfin, pénètrent si avant,
que l'air leur manque, et que leurs cadavres sont rejetés par une force répul-
sive jusqu'aux limites de l'air respirable ;
de là vient la pâleur plus ou moins profonde empreinte au front de ceux qui
ont visité l'antre de Trophonius ; de là
aussi viennent ces cadavres que l'on
retrouve parfois aux différentes ouvertures de la montagne, et qui inspirent
une si vive terreur aux habitants des environs... Maintenant que le secret de la

voie mystérieuse t'a été révélé par un autre, je suis venu t'attendre ici, afin de te dire : « Isaac, je suis un de ceux qui ont pénétré le plus avant dans le sombre chemin; veux-tu me prendre pour guide? Me voici. »

Isaac tendit la main à Apollonius; les douze prêtres levèrent leurs voiles, et il fut convenu que, dispensé de toute épreuve, Isaac, guidé par Apollonius, tenterait, le même jour, la terrible descente que nul n'avait encore accomplie.

Une heure après, Apollonius et Isaac, munis chacun d'une torche, traversaient la pâle prairie souterraine, côtoyant un lac aux eaux mornes, profondes et sombres, puis s'engouffraient dans l'ouverture de la caverne béante comme la gueule d'une gigantesque chimère.

CHAPITRE XXXII.

LES PARQUES.

Cette entrée de la voie mystérieuse rappelait d'abord le *facilis descensus Averni* de Virgile : la première pente était douce, et, quoique l'on sentît qu'elle s'enfonçait vigoureusement dans la terre, n'avait rien de trop effrayant.

Quels ouvriers souterrains avaient creusé cette sombre route? Nul ne pouvait le dire avec assurance; seulement, Apollonius croyait que les premiers voyageurs qui l'avaient suivie étaient les trois terribles fils d'Ouranos, lorsque, précipités de l'Olympe par leur père, les titans centimanes avaient été enchaînés au centre du monde, d'où Zeus les avait tirés pour les opposer à Chronos dans la fameuse guerre des géants. Depuis ce temps, le chemin était resté libre; mais, ainsi que nous l'avons dit, nul n'avait jamais pu le suivre jusqu'au bout.

Si pressé que fût d'arriver au terme de sa course le morne voyageur à qui Apollonius servait de guide, il comprenait que, à côté des moyens matériels de lutte qu'il allait chercher, il devait amasser tout un arsenal de science.

Aussi, après un silence de quelques instants :

— Apollonius, dit-il, n'as-tu pas remarqué qu'au fur et à mesure que nous nous enfonçons vers le centre du monde, nous traversons des couches de terre différentes de couleur et de matière? Ma religion, à moi, donne, par la bouche de Moïse, un peu plus de quatre mille ans d'existence à l'humanité; — c'est aussi ce que m'a dit Prométhée; — mais, avant l'homme, quels animaux préexistaient? Quels sont ces ossements gigantesques que j'aperçois à droite et à gauche, et qui appartiennent, sans doute, à des races disparues, puisque je n'ai vu rien de pareil, ni dans l'Inde, ni dans la Nubie, ni en Égypte?

Écoute, dit Apollonius, je vais te dire le secret du monde, ce que savent nos seuls initiés, ce qui sera, un jour, la base de toute science, ce que tu trouveras obscur et inexpliqué à l'orient de toutes les religions, et ce que nous'a appris, à nous, le chemin que nous accomplissons à travers les régions souterraines. — Comme la loi de Moïse, la religion grecque prend le monde au chaos ; suivant la première, c'est l'esprit de Dieu qui flotte sur les eaux; suivant la seconde, c'est Éros ou l'Amour, le plus beau des dieux immortels, qui plane dans le vide; puis, dans l'une et l'autre religion, un pouvoir créateur, — ici, Ouranos ; là, Jehovah ; — sépare l'élément aride de l'élément liquide, et tire du chaos la terre, qui aussitôt occupe le centre du monde... Combien de temps cette terre a-t-elle mis à se former depuis le jour où Dieu pétrit de sa main puissante ses fondements primitifs composés de schiste, de marbre et de granit, jusqu'à celui où, après avoir subi l'agglomération superposée de ses couches successives, elle fit éclore à sa surface, comme un animal plus perfectionné que les autres animaux, l'homme, ce roi futur de la création ? Nul ne le sait. Sans doute, il a fallu à ce long travail, à cet enfantement des milliers d'années; puis, un jour, sur la couche supérieure de la terre, — quand cette terre eut revêtu l'aspect majestueux que nous lui connaissons, quand la fertilité de son sol put nourrir des

centaines de millions d'êtres pareils à
lui, quand l'air en fut épuré de manière
à ce que sa poitrine le respirât, quand
les animaux et les végétaux appropriés
à son existence eurent été créés, —
l'homme parut à son tour, pour être à
la surface de la terre le maître de la
création, le dominateur de la nature...
Comment l'homme naquit-il, alors? de
quels éléments fut-il formé? comment
cette créature si faible à sa naissance, si
lente dans les premiers développements
de sa force physique et de sa puissance
intellectuelle; comment cette créature
dont l'instinct est si inférieur à celui de
l'animal le moins intelligent, et qui n'a
de compensation à l'absence de cet instinct que la supériorité de sa raison;
comment cette créature, après être née,
parvint-elle à la complète possession
des facultés qui composent sa vie physique et intellectuelle? comment, d'em-
bryon, devint-elle enfant? comment,

d'enfant, devint-elle homme? comment, d'homme isolé, sauvage d'abord, enfermé dans le cercle étroit de la famille, devint-elle homme social et civilisé, répandant, comme une rosée fécondante, sur la tête des autres hommes, les idées de Platon et de Socrate? Voilà ce qui est et ce qui restera longtemps encore, selon toute probabilité, pour cet homme lui-même, se retournant vers son berceau, et étudiant son obscure origine, un mystère inexplicable, une énigme sans mot... Maintenant, dans quel milieu l'homme naquit-il? sur quel point de la terre apparut-il d'abord? quelle contrée réunissait, comme une manne terrestre, les sucs nourriciers qui devaient suffire à ses premiers besoins? Quelle terre était la mieux préparée à recevoir l'homme par l'harmonie de ses éléments avec les éléments constitutifs de l'homme? L'Inde dit : « C'est moi! c'est moi qui suis la terre procréatrice; c'est moi qui ai bercé sur une couche de feuilles de lotus les premiers nés du genre humain; c'est moi qui les ai alimentés par les fluides abondants de mon exubérante nature; c'est moi qui, au milieu de la jeunesse universelle, pus mettre l'homme en face d'une végétation si luxuriante et si expansive, qu'il n'eut qu'à respirer pour vivre, et qu'il fut nourri par mon atmosphère comme il fut vêtu par mon soleil! — Maintenant, continua Apollonius, regarde : voilà où le mystère commence à devenir compréhensible, voilà où l'énigme commence à s'expliquer. Tu demandes quelles sont ces couches successives, de différentes couleurs et de différentes matières, que nous traversons à mesure que nous pénétrons vers le centre du monde? Je vais te le dire.

Et, montrant du doigt à Isaac les parois supérieures de la route souterraine :

— Vois, lui dit-il, cette couche qui s'étend immédiatement au-dessous de celle que nous habitons, et qui semble avoir été détrempée par les eaux de la mer; c'est la couche où sont ensevelis les animaux dont la création a précédé la naissance de l'homme, et qui a préparé le sol où vivent et l'homme et les animaux que nous connaissons aujourd'hui. Cette couche, c'est le produit d'une inondation, d'un déluge; c'est un composé de terre végétale, de sable et de limon. Sans doute, ce monde antédiluvien, auquel manquent encore le singe et l'homme, accomplissait sa période d'existence, quand, tout à coup, une révolution de notre globe déplaça les eaux, les porta sur les contrées basses habitées par ces différentes races d'animaux, les couvrit de boue, de limon, de sable argileux, et de cailloux roulés arrivant peut-être, avec les eaux, de l'autre extrémité du monde. De là vient que ces ossements que tu vois blanchir au milieu de cette couche jaunâtre sont détachés les uns des autres, brisés, fracturés... Tiens, ici, les voilà réunis, recouverts encore de certaines parties molles... Ici, sans doute, était une caverne où ces animaux, effrayés en sentant tressaillir le sol sous leurs pieds, en entendant s'approcher le mugissement des eaux, se sont réfugiés, et ont été engloutis.... La terre sur laquelle vivaient ces animaux avait déjà l'aspect de la nôtre : elle était habitée par des hôtes d'une nature presque aussi élevée que ceux qui sont nos compagnons ; les mammifères y abondaient, et leur présence prouve que cette terre se préparait à une époque de stabilité, et, par conséquent, de perfectionnement. — Tiens, voici des ossements de tigres, de panthères, de loups... voici des ours à peu de chose près analogues aux nôtres... voici un quadrupède qui ressemble au tatou et au *paresseux;* seulement, il est de la taille d'un bœuf! Tiens, voici un pangolin de dix-huit coudées de long! Tiens, voici un cerf d'une taille supérieure à la taille de l'élan, avec des bois élargis et branchus dont les courbures ont dix coudées d'une pointe à l'autre! Tiens, voici le squelette d'un éléphant colossal; il a quatorze coudées de haut, et ses défenses en ont huit! Pendant cette période, tout est titanique, et le règne végétal est en harmonie avec le règne animal : c'est dans des herbes de quinze coudées que se meuvent ces monstres énormes; c'est sous des forêts gigantesques qu'ils vont chercher l'ombre et la fraîcheur; les chênes ont deux cents coudées, les fougères en ont quarante. Sans doute, pour recevoir l'homme et les animaux qui l'entourent, il fallait que la surface la terre reçût des germes plus fécondants, un détritus plus épais : chênes de deux cents coudées, fougères de quarante, éléphants de quatorze, ont été les fondations de notre sol, le berceau sur lequel l'homme a vu le jour.

Isaac regardait et écoutait avec étonnement; chaque parole, en faisant glisser un rayon de lumière dans son esprit, semblait donner une nouvelle force à sa volonté.

— Oui, dit-il, j'entends : les jours de la création sont des siècles... Moïse ne s'est point trompé; c'est seulement à nous de comprendre.... Descendons.

Tous deux continuèrent leur chemin; mais, au bout d'un instant :

— Quelle est cette seconde couche? demanda Isaac. Elle est plus blanche que la première, et pleine de cailloux et de coquilles... Est-ce encore une des surfaces du monde antérieur au nôtre?

— Oui, dit Apollonius, c'est celle qui marque la transition des reptiles aux mammifères. Cette fois, la mer s'est retirée, et il s'est formé de vastes lacs d'eau douce sur les bords desquels vivaient et mouraient les animaux dont nous allons retrouver les squelettes dans leurs sédiments, et qui y ont été entraînés par les ruisseaux, les rivières... Vois le sol, il est calcaire, silicieux, coquillier; déjà les forces de la vie commencent à s'y répandre et à développer des créatures plus perfectionnées que celles que nous allons retrouver plus bas. — Tiens, voici des ossements de poissons, de reptiles et d'oiseaux qui nous conduisent à des mammifères moins parfaits que ceux que nous venons de voir, et qui sont entièrement inconnus à notre monde. Regarde, voici les êtres nouveaux qui font leur apparition dans cet univers intérieur; ils sont loin d'atteindre à la taille de ceux qui leur succéderont. Parmi eux, voici une espèce de tapir qui tient le milieu entre le rhinocéros et le cheval; voici un autre animal qui relie l'hippopotame au cheval, un autre qui sert d'intermédiaire entre le chameau et le sanglier; voici des carnassiers qui ne sont ni des tigres, ni des lions, ni des panthères, ni des loups, et qui, cependant ont quelque chose déjà de ces animaux; voici des poissons d'eau douce, et des reptiles à peu près semblables aux nôtres; voici des végétaux dont l'organisation se perfectionne, — car, à chaque acte de ce grand drame de la création, que nous prenons au rebours, animaux et végétaux font un pas de plus vers la perfection.

Les deux voyageurs continuèrent de descendre; mais bientôt Isaac s'arrêta: on venait de traverser un immense banc de calcaire plein de coquilles fossiles, indiquant que la mer avait longtemps séjourné là, et y avait laissé sa couche de sel marin. Au-dessous de ce banc s'allongeait de nombreuses couches de lignites d'une origine plus récente que la houille, des fragments de végétaux, un grand nombre de débris de coquilles terrestres et fluviatiles, des os de reptiles, de crocodiles et de tortues.

Isaac s'était arrêté devant le squelette d'un gigantesque lézard.

— Oui, lui dit Apollonius, nous voici arrivés à une couche inférieure; celle-ci ne connaît encore ni les mammifères, ni les oiseaux; les reptiles sont les animaux les plus nobles de ce troisième monde inconnu; le squelette que tu regardes, c'est celui d'un lézard amphibie, au museau effilé, aux dents coniques et pointues; il a quinze coudées de long, comme tu vois; ce corps immense est traîné par quatre pieds courts et gros, ou mû par de puissantes nageoires; il fendait l'eau, qui était son élément naturel, avec la rapidité d'une flèche ; sur la terre, il rampait comme font les phoques et les veaux marins. Tiens, en voilà un autre, avec un cou aussi long que son corps : le corps et le cou ont trente-quatre coudées à eux deux ; — le corps est celui d'un crocodile ; le cou est un immense python ; — celui-là marchait au fond des lacs, et respirait en même temps à la surface. Tiens, voilà une espèce de caïman qui a cinquante coudées de long, c'est-à-dire qui est de la taille du léviathan de la Bible. Tiens, voilà une hydre avec des ailes de chauve-souris, animal plus étrange en réalité que les plus étranges fictions de nos poëtes ! Nés sous des conditions particulières d'atmosphère, rampant sur une surface dont quelques points à peine s'élevaient au-dessus d'une eau tiède et boueuse, tous les monstres dont tu vois là les ossements devaient cesser d'exister sous les conditions différentes à travers lesquelles allaient passer les mondes supérieurs; aussi s'arrêtent-ils à celui-ci, et n'ont-ils leur racine que dans les mondes inférieurs.

— Ne sont-ils donc pas les derniers êtres de la création ? demanda Isaac.

— La nature ne fait rien par secousse, répondit Apollonius, et tu n'es qu'aux deux tiers de la chaîne des êtres animés : attends que nous ayons traversé cet immense banc de craie ; mais, auparavant, arrêtons-nous à la couche qui lui sert de base. Nous y voici : c'est le dépôt d'une mer tranquille qui ne contient que des animaux appartenant à la classe des poissons et des reptiles; vois, parmi les ossements des poissons, pas un n'accuse une forme rappelant les poissons de nos jours : voici des tortues gigantesques; mesure cette écaille, elle a six coudées; on dirait le bouclier d'un géant ! Tiens, voilà encore un lézard du genre de ceux que nous avons trouvés dans le monde supérieur : souvent un monde a son aurore dans celui qui le précède; seulement, plus le monde s'élève vers celui de l'homme, plus l'animal devient intelligent.

— Ici, dit Isaac, la terre change de couleur d'une façon bien prononcée; approchons-nous donc enfin des couches primitives ?

— Nous en sommes aux sables verts et ferrugineux agglutinés avec des débris de reptiles; mais il ne faut pas compter ces sables et ces reptiles pour une création à part, ils ne sont qu'une zone supérieure des couches calcaires. Tiens, voici, au milieu de ces schistes, des milliers de poissons, de crustacés, d'huîtres à valves recourbées; voici des reptiles étranges qui n'ont d'analogues dans aucun autre monde. En fait de plantes, il n'y a ici, comme tu vois, que des fucus, des lycopodiacées et des fougères tropicales : nous touchons aux limites de la vie, et les animaux qui viennent derrière ces grandes couches de sable vers lesquelles nous descendons ne sont plus eux-mêmes que des végétations. On trouve encore, il est vrai, parmi eux, des poissons et des reptiles ; mais, relativement à leur espèce, l'organisation de ceux-ci est inférieure et presque automatique ; c'est ici, en effet, le premier degré de la création, la première chaîne des êtres ; au-dessous de ces polypes vivants, il n'y a plus que les zoophytes, chez lesquels la vie existe déjà, mais équivoque et dénuée de sensibilité ; puis, après les zoophytes, plus rien que la matière inerte, tu le vois... Nous venons de traverser l'un après l'autre les cinq mondes successifs par lesquels la nature animée, instinctive et pensante qui habite aujourd'hui la surface de la terre va enfoncer ses racines dans le granit des fondements primitifs de notre globe.

— Oui, dit Isaac écrasé sous la grandeur de la création, lentement élaborée aux mains du Seigneur ; oui, cinq mondes, c'est-à-dire cinq jours de mille ans chacun, après lesquels l'homme et la femme apparaissent à leur tour.... Genèse de Moïse, tu m'es révélée!... Mais combien de milliers d'années a mis lui-même à se former ce granit primitif? Voilà ce que tu ne nous dit pas, ô Moïse!

— Et ce serait d'autant plus difficile à dire, reprit Apollonius, que, selon toute probabilité, ce granit a été autrefois une matière en fusion. Il fut un temps, Isaac, où ce noyau de la terre, contre lequel s'émousserait l'acier le mieux trempé, devait être pareil à ces laves que tu as vues couler des cratères de l'Etna et du Vésuve; peu à peu il s'est refroidi au contact de l'air, et, en effet, à mesure que tu descendras, la chaleur augmentera, car, de jour en jour, cette chaleur est repoussée au centre.

Chaque initié qui descend, marque sur les parois du souterrain l'endroit où il a été forcé de s'arrêter. Tiens, voici des marques qui remontent au siècle de Périclès; il y a cinq cents ans qu'à l'endroit où nous sommes la chaleur était insupportable. Voici d'autres marques contemporaines d'Alexandre; nous allons en trouver qui datent du temps d'Épicure, d'autres du temps d'Aristarque, d'autres du temps de Sylla, d'autres du règne d'Auguste. Chaque siècle repousse cette chaleur d'une lieue à peu près. Si tu es réellement immortel, et que tu assistes à la fin de ce globe, tu le verras périr lorsque ce refroidissement aura atteint ses extrêmes limites : l'extinction de la chaleur entraînera l'extinction de la vie.

Isaac poussa un profond soupir; l'idée de son immortalité ne l'épouvantait pas encore, mais l'inquiétait déjà.

Puis tous deux continuèrent de marcher; mais plus ils avançaient, plus l'air devenait épais et lourd, plus la chaleur devenait intense. Isaac ne remarquait même pas ce changement atmosphérique; Apollonius, au contraire, commençait à être suffoqué, et s'arrêtait de temps en temps pour reprendre haleine; enfin, ses haltes se multiplièrent à tel point, que force lui fut de reconnaître qu'il cessait d'être un guide, et n'était même plus qu'une gêne pour son compagnon.

Il s'arrêta donc une dernière fois, et prit congé d'Isaac en lui souhaitant un heureux voyage.

Seulement, s'il lui était impossible d'aller plus loin, il voulut demeurer à cette extrême limite, sinon de sa volonté, du moins de sa puissance, tout le temps qu'à travers les courbes du chemin, qui s'enfonçait en immense spirale, il pourrait continuer d'apercevoir Isaac, marchant du même pas, sans hésitation, sans fatigue, sans souffrance.

Trois fois le Juif se retourna ; trois fois, d'un mouvement de sa torche, il salua le philosophe de Tyane. Mais, à la quatrième fois, il avait cessé d'apercevoir celui-ci, et dès lors sa course doubla de rapidité, car la faculté que possédait Isaac d'échapper à ces besoins de la vie auxquels sont soumis les autres hommes, lui permettait d'accomplir sa route avec une vitesse triple à peu près de la vitesse ordinaire.

Néanmoins, au lieu de le suivre dans le sombre et périlleux voyage, nous irons l'attendre à l'autre extrémité du souterrain...

Au centre de la terre, là où l'air comprimé a, sous la pression des couches supérieures, acquis une densité plus forte que celle du mercure, existe une caverne de forme sphérique, sans issue, et éclairée par deux astres à la pâle lumière, dont l'un est appelé Pluton et l'autre Proserpine.

« Dans le milieu de cette caverne, et sous la réverbération douteuse de ces astres souterrains, on voit — assises gravement sur des siéges de bronze — trois femmes ou plutôt trois statues de marbre accomplir leur œuvre mystérieuse et éternelle.

La première fait tourner sous son pied un rouet de fer ; la seconde roule entre ses doigts un fuseau d'airain d'où s'échappent des milliers de fils de différentes couleurs plus ou moins vives, et de différentes matières plus ou moins précieuses ; enfin, la troisième, d'un mouvement lent et impassible, coupe incessamment l'un ou l'autre de ces fils avec des ciseaux d'acier.

Ces trois femmes, antérieures à la création du premier homme ; ces trois sœurs qui, sans vieillir d'un jour, ont vu passer quarante siècles devant elles, — et qu'Homère fait filles de Jupiter et de Thémis ; Orphée, filles de la Nuit ; Hésiode, filles de l'Érèbe; Platon, filles de la Nécessité; — sont les *moïraï* des Grecs, les *parques* des Latins.

Elles se nomment Lachesis, Clotho, Atropos. — Lachesis file, Clotho tient le fuseau, Atropos tranche les fils.

Tous les mondes sont soumis à leur empire; le mouvement des sphères célestes et l'harmonie des principes constitutifs du monde leur sont dus; le sort de chaque chose, le commencement de chaque créature, la fin de chaque être, a été prévu par elles : richesses, gloire, puissance, honneurs, ce sont elles qui dispensent tout, ou qui refusent tout, selon la matière plus ou moins précieuse qu'elles emploient à tordre le fil de notre existence; mais c'est la naissance, la vie et la mort qui sont particulièrement sous leur empire.

Pour elles, le temps n'existe point; pour elles, aucune lumière ne mesure le jour, aucune ombre ne marque la nuit; la même lueur blafarde et morne les éclaire éternellement.

Deux fois seulement depuis que le fil de la première existence a roulé sous leurs doigts, elles ont levé les yeux et tourné la tête vers deux hardis visiteurs descendus jusqu'à elles. L'un était Hercule, armé de sa massue, et venant réclamer la vie d'Alceste; l'autre était Orphée, armé de sa lyre, et venant réclamer la vie d'Eurydice.

Puis, une autre fois, — et il y avait peu de temps de cela, — un grand frissonnement avait tout à coup secoué la terre de sa couche supérieure à son centre; un craquement terrible s'était fait entendre; un lumineux éclair avait pénétré dans l'intérieur de la caverne par une large gerçure, et les parques, épouvantées, avaient pour la première fois fait connaissance avec le jour.

Alors, Lachesis s'était levée, et, de son pas lent et solennel, de son pas de statue, elle avait marché vers l'ouverture lumineuse, et, à l'autre extrémité de cette ouverture, cloué à une croix qui, en se dressant, venait de donner cette secousse au monde, elle avait vu un mort qui lui était inconnu. En effet, c'était le premier dont les trois sombres sœurs n'avaient ni ourdi, ni filé, ni tranché le fil.

Puis Lachesis était venue se rasseoir, et, de sa voix sépulcrale, elle avait raconté à Clotho et à Atropos ce qu'elle venait de voir.

A partir de ce moment, les deux astres qui éclairaient la caverne avaient commencé à pâlir, et il avait semblé aux trois funèbres fileuses que la vie circulait plus lente dans leurs froides veines.

Il leur semblait aussi, à elles qui tenaient entre leurs doigts la naissance et la mort des hommes, que l'existence leur échappait peu à peu, et que le jour n'était pas éloigné où leurs yeux de marbre se fermeraient comme des yeux humains.

Tout à coup, un bruit pareil à celui d'un battant de bronze qui frapperait sur une cloche les fit tressaillir; elles se tournèrent lentement et d'un mouvement uniforme — car une seule existence animait leurs trois corps — vers la partie de la caverne d'où venait le bruit.

La paroi s'ouvrit et donna passage à Isaac Laquedem.

Il s'avança d'un pas ferme vers le triple trône du haut duquel les parques présidaient aux destinées humaines.

Si étrange que fut l'apparition, les trois sœurs la regardèrent s'avancer froides et impassibles.

A quelques pas d'elles, Isaac s'arrêta.

— Puissantes déesses, dit-il, qui tenez dans vos mains, et qui nouez et dénouez le fil de la vie des hommes, je viens de la part de Prométhée, j'étends vers vous ce rameau d'or, et je vous dis: « Il me faut le fil d'une personne qui a vécu, et que je veux faire revivre. »

Alors, Atropos, laissant ses ciseaux entr'ouverts, et prolongeant de quelques instants le cours d'une existence condamnée:

— Tu viens donc du ciel? dit-elle: j'ai coupé il y a quelques jours le fil de la vie du titan, et cette brèche qui existe à mes ciseaux, c'est ce fil qui l'a faite, car ce fil était plus dur que leur acier.

— Je ne viens point du ciel, je viens du mont Caucase! répondit Isaac; j'étais là quand est mort Prométhée. J'ai moi-même dressé le bûcher qui l'a réduit en cendres, et c'est pour me remercier de ce suprême service qu'il m'a indiqué le moyen d'arriver jusqu'à vous, et m'a donné ce rameau d'or en vertu duquel je vous adjure!

— Comment as-tu traversé les eaux bouillantes, les laves et le feu?

— Je suis immortel, répondit Isaac.

— Tu es donc dieu? demanda Atropos.

— Si c'est être dieu que d'être immortel, répondit Isaac, je suis dieu.

— Comment te nommes-tu?

— Isaac Laquedem.

— Voilà le fil de sa vie, dit Lachesis; il est immortel, en effet.

Comment Jupiter t'a-t-il fait immortel, sans que nous, les dispensatrices de la vie et de la mort, nous en soyons prévenues?

— C'est que ce n'est point Jupiter qui m'a fait immortel.

— Qui donc?

— C'est un dieu qui n'a rien de commun avec lui, et qui vient, au contraire, pour le détrôner : c'est le dieu des chrétiens.

— Et d'où vient ce nouveau dieu?

demanda Clotho : de l'Inde ou de la Phénicie?

— Il vient d'Égypte.

— Dans quel Olympe habite-t-il ?

— Il est mort !

— Et comment est-il mort ?

— Sur une croix.

Les trois sœurs se regardèrent.

— S'il est mort, comment est-il dieu ? demandèrent-elles.

— Ses disciples prétendent qu'il est ressuscité trois jours après avoir été mis au tombeau.

Les parques se regardèrent une seconde fois.

— C'est donc pour cela, dit Lachesis, que je sens mon pied qui s'engourdit.

— C'est donc pour cela, dit Clotho, que je sens mes doigts qui se lassent.

— C'est donc pour cela, dit Atropos, que je sens ma main qui tremble.

Puis toutes trois, secouant la tête d'un mouvement simultané :

— O mes sœurs! mes sœurs! murmurèrent-elles, du moment où l'on fait des immortels que nous ne connaissons pas, du moment où l'on tranche des existences que nous n'avons pas filées, c'est que quelque chose d'inconnu s'avance, qui s'apprête à nous remplacer.

Isaac écoutait avec une profonde terreur ces lamentations des trois sombres divinités; cette main du Christ qui l'avait courbé ne s'étendait donc pas seulement sur la terre, elle pénétrait donc encore jusqu'au centre du monde!

— Soit, dit-il, mais cela n'empêche point que vous ne me remettiez le fil que je viens chercher.

— Et quel est ce fil que tu viens chercher? dit Atropos coupant avec effort celui que depuis quelque temps elle tenait entre ses ciseaux.

— Celui de Cléopâtre, reine d'Égypte, répondit Isaac.

— Combien de fois veux-tu le renouer?

— Autant de fois qu'il me plaira.

— Nous ne pouvons donner un pareil pouvoir à un homme, dirent ensemble Lachesis et Clotho.

— Qu'importe, mes sœurs, reprit Atropos; qu'importe ce qui se passera parmi les humains, quand ce ne sera plus nous qui régnerons sur eux! Cherche les deux bouts de ce fil, Clotho; tu les trouveras entrelacés à celui d'Antoine; seulement, celui de Cléopâtre est tissu d'or, d'argent et de soie, tandis que celui d'Antoine n'est que de laine et d'or.

Clotho se baissa, et avec l'extrémité de son fuseau, chercha les deux bouts de ce fil brillant. Elle les trouva enfin, mais avec peine, au milieu des fils des monarques et des empereurs.

Il y avait déjà plus d'un siècle, en effet, que la belle reine d'Égypte était morte, et, depuis cent ans, bien des fils du même genre avaient été tranchés.

Clotho remit les deux bouts du fil à Isaac.

— Tiens, lui dit-elle, voici ce que tu demandes. Quand tu voudras que Cléopâtre vive, tu noueras l'une à l'autre les deux extrémités de ce fil, et autant de fois dans l'avenir le destin le brisera, autant de fois nous te donnons la faculté de le renouer.

Isaac s'empara avidement du fil précieux.

— Merci, dit-il; et, maintenant, si le dieu qui m'a maudit triomphe de vos dieux, ce ne sera pas du moins sans que j'aie lutté contre lui!

Atropos secoua la tête d'un air de doute.

— Prométhée ne m'a-t-il pas raconté lui-même, dit Isaac, qu'en passant dans le camp de Zeus, il avait fait pencher la victoire de son côté?

— Oui, reprit Atropos; mais Zeus représentait le monde nouveau et luttait contre l'ancien monde... De même que les temps étaient révolus pour le règne de Chronos, de même les temps sont aujourd'hui révolus pour celui de Zeus.

Et, après leur sœur, Lachesis et Clotho répétèrent :

— Les temps sont révolus pour le règne de Zeus !

Puis, dans un chœur sombre, tous trois s'écrièrent :

— Malheur ! malheur à nous ! Le vieux monde se meurt ! le vieux monde se meurt !

Isaac n'avait plus rien à attendre de celles qu'il était venu chercher si loin ; il tenait le fil désiré. Il laissa donc les trois femmes de marbre se lamenter sur leurs fauteuils de bronze, et s'éloigna rapidement.

L'ouverture par laquelle il avait fait son apparition s'était refermée : il frappa de nouveau les parois de la caverne de son rameau d'or ; ces parois rendirent le même son retentissant, et se fendirent une seconde fois pour laisser passer le hardi voyageur.

Au moment de franchir le seuil de la caverne, Isaac se retourna, afin de jeter un dernier regard sur les parques.

Alors, à la lueur mourante des deux astres qui les avaient éclairées jusque-là, et qui semblaient près de s'éteindre, il vit une chose étrange.

Le rouet de Lachesis était arrêté; le fuseau de Clotho ne tournait plus, et les ciseaux d'Atropos étaient tombés de ses mains sur ses genoux.

Le peu qui restait de vie dans les trois sœurs fatales venait de s'évanouir, et, tout au contraire de Galatée, qui de statue était devenue femme, elles, de femmes, étaient devenues statues.

Isaac s'élança dans le souterrain, dont l'ouverture se referma derrière lui.

CHAPITRE XXXIII.

CLÉOPATRE.

Lorsqu'il revint au jour, Isaac ne démentait pas le proverbe : « Pâle comme un homme qui est descendu dans l'antre de Trophonius. »

Apollonius l'attendait avec les prêtres et les initiés; tous désespéraient de le voir reparaître.

Isaac raconta son entretien avec les parques, et dit comment il avait assisté à leur agonie.

Puis, comme rien ne le retenait plus en Grèce, il prit congé d'Apollonius; fut placé, selon l'habitude, la tête en bas, à la sortie de la seconde descente; repassa par le sifflement des serpents, par le bruissement de l'incendie, par le mugissement des eaux; se retrouva sur la plate-forme au pied de l'échelle, entre les deux prêtres, et, sans leur aide, — ce qui était chose rare, — regagna le monde des hommes, et revit la lumière du soleil.

Le sphinx l'attendait, aussi morne et aussi impassible que s'il eût compté les roseaux du lac Maréotis ou les grains de sable du désert.

Isaac vint à lui, et caressa son cou de granit en disant :

— Allons, mon beau sphinx, encore une course, et je te rends à ton immobile contemplation.

Et, en même temps, il reprenait place sur ses épaules.

Le sphinx étendit ses ailes, s'enleva lentement; mais, arrivé à une certaine hauteur, il retrouva sa rapidité première.

Il dirigea son vol vers le Midi.

Isaac vit successivement disparaître sous lui, la mer d'Alcyon, l'isthme de Corinthe, l'Argolide, la mer de Myrtos, l'île de Crète ; puis il se trouva nageant entre le double azur du firmament et de la mer Intérieure ; puis, enfin, il aperçut l'Égypte se déroulant ainsi qu'un long ruban de verdure moiré d'argent entre ses deux déserts ; puis il put distinguer le Delta, et, comme deux sentinelles avancées de Memphis, Canope avec son canal, Alexandrie avec son lac.

Le sphinx s'abattit de lui-même sur son piédestal vide, où la place de son corps était marquée, entre le lac Maréotis et le tombeau de Cléopâtre, la tête tournée vers le tombeau, et indiquant la porte de sa patte levée.

En mesurant le temps à notre manière à nous, il était onze heures du soir à peu près.

Isaac s'avança vers le tombeau, en

toucha la porte avec son rameau d'or, et la porte s'ouvrit.

Depuis un siècle, ses pas étaient les premiers qui eussent fait tressaillir l'écho du sépulcre royal.

Le tombeau était de forme ronde, comme celui d'Auguste, comme le panthéon d'Agrippa; une ouverture pratiquée à la voûte y laissait pénétrer l'air et la lumière; la lune, suspendue au-dessus de cette ouverture ainsi qu'une lampe gigantesque, enveloppait et éclairait de son rayon bleuâtre le sarcophage où dormait la reine d'Égypte.

Tout le reste était dans l'ombre; mais, au bout de quelques instants, l'œil, en s'habituant à cette ombre, comptait d'abord comme une double rangée de spectres immobiles, les quarante-huit colonnes qui soutenaient la voûte; puis, en fouillant plus profondément encore, il arrivait à distinguer, peintes sur la muraille, des silhouettes étranges : des chiens à tête d'homme, des hommes à tête de chien, des anubis, des typhons, des oisiris, hiéroglyphes divins sur lesquels devait s'user la science des siècles à venir.

Isaac ne s'inquiéta ni des pylônes massifs, ni des peintures monochromes ; il marcha droit au monument, et en souleva le couvercle de marbre.

Cléopâtre y était couchée dans son costume royal ; son sceptre à tête d'épervier, qui ressemblait à la baguette d'un enchanteur, reposait près d'elle avec un miroir d'acier.

Sa tête était coiffée d'une espèce de casque d'or formé par le corps de l'épervier sacré, dont la tête, enrichie de saphirs et gracieusement repliée, simulait le cimier, tandis que les ailes, parsemées d'émeraudes et de rubis, abritaient les tempes, s'échancraient à l'oreille, et se prolongeaient derrière le cou de la morte. Ce cou était orné d'un triple collier de perles, de serpentines et de diamants, dans les intervalles desquels pendaient des lames d'or émaillé et figurant des plumes d'oiseaux; une robe d'une délicatesse parfaite, avec des zébrures diagonales d'or et d'azur, serrée autour de la taille par une ceinture de perles, ondulait autour de son corps, dont elle avait conservé la forme vivante; les pieds étaient chaussés de légères sandales de drap d'or, nouées sur le cou-de-pied par des fils de perles; ses bras étaient allongés de chaque côté du corps, et ornés, l'un d'un serpent d'or merveilleusement travaillé qui s'enroulait du poignet au coude, l'autre de six cercles du même métal, dont trois serraient le haut du bras, et trois le poignet.

La main gauche portait une seule bague représentant un scarabée de couleur d'azur.

Des cheveux noirs comme la nuit

s'échappaient du casque d'or, et descendaient jusqu'au-dessous des genoux.

Les soins que l'on avait donnés à l'embaumement du cadavre avaient conservé le corps à peu près intact; seulement, les paupières s'enfonçaient dans l'orbite des yeux vides; les bras amincis ne soutenaient plus à leurs places les cercles d'or; la bague jouait autour du doigt desséché, et la peau, tendue sur les joues et sur la poitrine, avait pris la teinte plombée et la roideur cassante du parchemin.

Isaac resta un instant penché sur le sarcophage en contemplant le cadavre; puis, haussant les épaules :

— Oh! murmura-t-il, c'est donc pour ce peu d'ossements que j'ai là sous les yeux, qu'Antoine a perdu l'empire du monde!

Et il semblait douter que, fût-il rendu à la vie et à la beauté, ce faible corps pût l'aider dans cette gigantesque entreprise de combattre un dieu.

Mais, au bout d'un instant d'hésitation :

— N'importe, dit-il, essayons.

Et il renoua l'un à l'autre les deux fils que lui avaient donnés les parques.

Le cadavre tressaillit.

Involontairement Isaac rejeta le haut de son corps en arrière.

Alors, sous cette clarté douteuse de la lune, clarté qui semble faite pour de tels sacriléges, il vit le prodige s'accomplir.

Peu à peu, cette peau sèche et bronzée s'amollit, changea de teinte, et redevint blonde et transparente; les chairs affaissées reprirent une élasticité nouvelle. Chaque muscle reconquit sa forme primitive : les bras s'arrondirent, la main se modela, les pieds blanchirent et se marbrèrent de rose, les cheveux ondulèrent, comme si la vie y rentrait; le sang croisa sur les tempes, le cou et la poitrine, son réseau de veines bleuâtres; et les lèvres, immobiles et muettes depuis cent ans, s'écartèrent pour laisser passer un soupir.

Isaac étendit la main.

— Vis, lève-toi, et parle! dit-il.

La morte se souleva d'un mouvement lent et automatique, demeura assise sur son tombeau, ouvrit les yeux, porta instinctivement la main à son miroir, l'amena devant son visage, et, avec un doux sourire :

— Ah! murmura-t-elle, Jupiter soit loué! je suis toujours belle !

Puis, jetant un regard autour d'elle :

— Iras, dit-elle, viens me coiffer; Charmion, où est Antoine ?

Mais, en ce moment, et dans le cercle qu'il parcourait, le regard de la belle reine d'Égypte rencontra Isaac.

Elle jeta un cri, et allongea une de ses jambes pour descendre de son tombeau.

— Reine d'Égypte, dit Isaac, il est inutile que tu appelles ni Iras, ni Charmion, ni Antoine; tous trois sont morts et reposent au monument depuis plus d'un siècle, et, toi-même, regarde sur quel siége tu es assise!

Cléopâtre se pencha pour regarder la paroi extérieure du lit sur lequel elle était étendue quelques minutes auparavant, et poussa un cri de terreur en reconnaissant que c'était un sépulcre.

Puis, se retournant vers Isaac:

— Qui es-tu? lui demanda-t-elle, et pourquoi es-tu venu m'éveiller? Je dormais si bien et si profondément!

— Rappelle tes souvenirs, Cléopâtre, dit Isaac; puis je te dirai qui je suis, et pourquoi je suis venu t'éveiller.

Cléopâtre ramena sa jambe droite à elle, posa son coude sur son genou, laissa tomber sa tête sur sa main, et rappela les uns après les autres ses souvenirs, lueurs incertaines d'un autre siècle, et qui arrivaient à son esprit à travers une nuit de cent années.

— Ah! dit-elle, c'est vrai, et voici la mémoire qui me revient.

Puis, l'œil fixe, comme si, jour par jour, elle eût feuilleté le livre du passé :

— Nous avons combattu à Actium, reprit-elle; ne pouvant supporter la vue des blessés, des mourants, des morts, j'ai fui, avec mes galères... Antoine m'a suivie; nous sommes revenus en Égypte, nous avons espéré nous y défendre, mais l'armée nous a trahis... Alors, résolue à mourir, j'ai essayé des poisons sur des esclaves, pour voir quelle était la mort la plus douce ; puis, au milieu de ces essais, Octave est débarqué; Antoine a été au-devant de lui, et est revenu, vaincu et blessé à mort. Je me suis enfermée dans ce tombeau, d'où Octave a voulu m'arracher pour me faire figurer dans son triomphe... Un paysan, sur ma demande, m'a apporté un aspic caché dans un panier de figues. Le reptile hideux a levé, au milieu des fruits, sa petite tête plate et noire; je l'ai approché de mon sein, il s'est élancé, m'a mordue... j'ai senti une vive douleur; j'ai jeté un cri... un voile de sang s'est étendu sur mes yeux; il m'a semblé que la voûte du ciel s'affaissait sur ma poitrine : j'étais morte !... — Et, maintenant, demanda Cléopâtre en relevant la tête, et en interrogeant le Juif de la voix et des yeux à la fois, combien de jours se sont écoulés depuis ce jour-là?

— Cent ans, répondit Isaac.

— Cent ans! s'écria Cléopâtre épouvantée. Et qu'est devenu le monde pendant ces cent ans?

— Quatre empereurs lui sont morts, et un dieu lui est né.

— Quels sont ces empereurs? quel est ce dieu? demanda Cléopâtre.

— De ces empereurs, le premier

c'est Octave... Octave, que tu as connu, et dont je n'ai pas besoin de faire le portrait ; le second, c'est Tibère, son beau-fils, dont tout le génie fut dans la peur, et qui, pendant vingt-trois ans, broya les Romains sous les plus lentes mâchoires qui aient jamais écrasé un peuple ; le troisième, c'est Caligula, petit-neveu de Tibère ; un fou qui nomma son cheval consul, fit décerner les honneurs divins à sa fille, morte âgée de deux ans, et trouva ce mot sublime : « Je voudrais que l'empire romain n'eût qu'une seule tête pour la trancher d'un seul coup ! » le quatrième, enfin, c'est Claude, oncle de Caligula, un imbécile qui fut rhéteur, poëte, philosophe, grammairien, avocat, juge.... tout, excepté empereur, et qui mourut empoisonné pour avoir mangé d'un plat de champignons préparé par sa femme Agrippine. — Quant au dieu, continua Isaac en s'assombrissant, c'est autre chose. Écoute bien ceci, Cléopâtre, car c'est pour m'aider à combattre ce dieu que je viens de te rendre la vie.

— J'écoute, dit la reine d'Égypte.

Et son visage prit un caractère réfléchi et pensif dont on l'eût cru incapable une minute auparavant.

Isaac reprit :

— Tu as connu les dieux qui ont existé jusqu'ici, n'est-ce pas? les dieux de l'Inde : Brahma, Vishnou, Shiva? tu as connu les dieux de l'Égypte, qui sont devenus tes dieux : Osiris, Isis, Anubis? tu as connu les dieux de la Perse : Ahriman et Ormuzd; les dieux de la Phénicie : Moloch, Astarté et Baal; les dieux de la Grèce : Jupiter, Pluton, Neptune, Apollon, Mars, Vulcain, Diane, Minerve, Junon, Cérès, Cybèle et Vénus; les dieux de la Germanie : Odin, Thor et Freya; le dieu des Gaulois : Teutatès; enfin, mon dieu à moi, le dieu des Juifs : Jehova? Eh bien, tout

à coup, il est sorti d'une petite bourgade
de Galilée un homme que nous avions vu
jouer, enfant, dans les rues de Jérusalem, et qui a dit : « Indiens, Égyptiens,
Persans, Phéniciens, Grecs, Germains,
Gaulois, Juifs, ce à quoi vous croyez depuis quarante siècles, il faut cesser d'y
croire; ce que vous adorez depuis quatre
mille ans, il faut cesser de l'adorer;
vos dieux vous ont donné jusqu'ici
l'exemple du meurtre, de l'assassinat,
de l'inceste, du fratricide, du vol, du
parjure, de la débauche, de la luxure,
de la haine, de la trahison, et le monde
impie a suivi l'exemple qui lui était
donné par ses dieux; tous ces dieux
étaient des idoles, tous ces dieux sont de
faux dieux : il n'y a d'autre dieu que mon
père qui est au ciel, et je suis son envoyé sur la terre; au lieu de tous ces
crimes encouragés par vos sanglantes
divinités, je viens vous prêcher l'humilité, le dévouement, la continence, la

charité, l'aumône, la miséricorde, la pauvreté, la foi, l'espérance. Je viens dire : « Ce que les hommes ont tenu » jusqu'ici pour grand est petit, ce » que les hommes ont regardé jusqu'ici » comme petit est grand. » Je viens dire : « La richesse est un délit public, » le despotisme un crime politique, » l'esclavage un abus social! » C'était sous Tibère qu'il parlait ainsi : le dieu fut arrêté, conduit chez le procurateur romain, condamné, comme blasphémateur et rebelle, au supplice des meurtriers; et, lorsqu'il est passé devant ma maison, courbé sous le poids de sa croix, lorsqu'il m'a demandé à se reposer sur le banc de ma porte, je l'ai repoussé, et lui m'a maudit en me condamnant, devine à quel supplice? à l'immortalité! puis il a continué son chemin jusqu'au lieu de son supplice, et il est mort sur la croix, comme serait mort le dernier des malfaiteurs. Alors, je me suis dit : « Puisque tu es immortels, Isaac, entreprends une œuvre digne d'un immortel ; un Dieu t'a maudit ; lutte contre le Dieu maudisseur ; il t'a jeté sa malédiction au visage, ramasse sa malédiction, fais-t'en une arme, et, avec cette arme, frappe sa religion naissante jusqu'à ce que cette religion s'écroule, dût-elle, en s'écroulant, t'écraser sous ses débris, comme sous ses ruines le temple des Philistins écrasa Samson!... Cette résolution prise, il me fallait un aide, un soutien, un appui ; seul l'homme ne fait rien : pour arriver à un but, il lui faut la qualité du génie. Je me suis donc demandé quelle était la femme qui, par sa beauté, son amour du plaisir, son sensualisme, devait être l'ennemie naturelle de cette religion, toute d'abnégation, de continence et de privations, et je me suis répondu : « Cette femme, c'est celle qui a été la maîtresse de Sextus Pompée, de César et d'Antoine; c'est la reine d'Égypte, c'est la Vénus d'Alexandrie, c'est Cléopâtre! » Mais Cléopâtre était morte. Alors, je n'ai plus eu qu'une pensée, qu'un projet, qu'un but : la faire revivre. Seulement, de quelle façon vaincre la mort? Comment arracher le cadavre à la tombe, l'âme à l'enfer? On m'avait vanté les sages de l'Inde : j'ai été jusqu'au fond de l'Inde, et les sages n'ont rien pu me dire; on m'avait vanté les prêtres de l'Égypte, j'ai parcouru l'Égypte, d'Éléphantine à Memphis, et les prêtres de l'Égypte n'ont rien pu me dire; on m'avait vanté les philosophes de la Grèce : je les ai vus tous, les uns après les autres, et un seul, le dernier, m'a dit : « Viens avec moi, et consultons les magiciennes de la Thessalie. » J'ai consulté les magiciennes de la Thessalie, et Canidie n'a rien pu me dire, et Érichto n'a rien pu me dire; Médée seule m'a dit : « Va à Prométhée! » Et j'ai été à Prométhée, et le titan m'a enseigné par quel chemin on descendait jusqu'aux parques, et je suis descendu jusqu'aux parques, et j'ai vu face à face les trois sœurs fatales, qu'Hercule et Orphée avaient seuls vues avant moi, et je les ai adjurées, ce rameau d'or à la main, et je les ai forcées de me donner le fil de ta vie, — le voici. Je puis le briser et le renouer à ma volonté, te tuer ou te faire revivre, te recoucher dans ce tombeau pour l'éternité, ou te rendre immortelle comme moi. Que dis-tu de cela, Cléopâtre? Refuses-tu ou acceptes-tu l'offre que je te fais? repousses-tu ma main ou me tends-tu la tienne?

— Serai-je toujours belle? serai-je toujours jeune? serai-je toujours reine? serai-je toujours puissante? pourrai-je toujours aimer et être aimée?

— Tu seras toujours belle, toujours jeune, toujours riche, toujours puissante, tu pourras toujours aimer et être aimée;

mais, beauté, jeunesse, richesse, puissance, amour, tu te feras de tout cela une arme contre le dieu qui proscrit l'amour, la puissance, la richesse, la jeunesse et la beauté !

— Oh, oui ! s'écria Cléopâtre, car, ce dieu, c'est mon ennemi !

— Alors, dit Isaac, ta main dans la mienne, et à l'œuvre, démon de la volupté ! à l'œuvre !

Et il entraîna Cléopâtre hors de son tombeau.

Elle jeta un cri de joie en revoyant ce beau ciel étoilé, dont le profond azur semblait brodé de diamants.

Devant la porte du tombeau, était le sphinx, immobile, debout, et la patte toujours levée.

Isaac passa près de lui.

Le sphinx laissa retomber sa patte, et, de cette patte effleura l'épaule du Juif.

Celui-ci se retourna.

— Eh bien, morne fils du désert, demanda-t-il, qu'as-tu encore à me dire?

— Le vieux monde est mort! soupira le sphinx.

Et il s'accroupit, allongeant lentement ses griffes sur son sol de granit.

— Que dit-il? demanda Cléopâtre.

— Rien, répondit Isaac. — Marchons!

— Où allons-nous?

— A Rome.

— Qu'allons-nous y faire?

— Donner des conseils au nouvel empereur...

— Et quel est ce nouvel empereur?

— Un jeune prince plein d'espérances, le fils d'Ahénobarbus et d'Agrippine, Lucius-Domitius-Claudius Néron... Tu seras sa maîtresse, et je serai son favori. Je me nomme Tigellin, et tu t'appelles Popée! — Viens!

FIN DU CINQUIÈME VOLUME ET DE LA PREMIÈRE PARTIE.

Paris. — Typ. de Mme Ve Dondey-Dupré, rue Saint-Louis, 46.

En Vente à la même Librairie :

ROMANS MODERNES, HISTOIRE, LITTÉRATURE ET VOYAGES ILLUSTRÉS.

20 centimes la livraison contenant la matière d'un volume in-8°.

EN VENTE :

	vignettes.	fr. c.
La Famille Gogo, par Paul de Kock.		
Un malheur complet, par Fr. Soulié.	7	» 50
Julie, par Frédéric Soulié.	94	1 80
La Lionne, par Frédéric Soulié.	20	1 10
Diane de Chivry, par Fréd. Soulié.	8	» 50
Le Conseiller d'État, par Fr. Soulié.	22	1 10
Le Docteur rouge, par J. Lafitte.	16	» 90
Les quatre Sœurs, par Fr. Soulié.	22	1 10
Le Magnétiseur, par Fréd. Soulié.	21	1 10
Ce Monsieur ! par Paul de Kock.	22	1 10
Voyage autour du Monde (Souvenirs d'un Aveugle), par Jacques Arago.	130	2 95
Une Tête mise à prix, par Dinocourt.	17	» 90
Eulalie Pontois, par Fréd. Soulié.	8	» 50
Le Comte de Toulouse, par Fr. Soulié.	25	1 10
Le Juif errant, par E. Sue.		3 15
Les Mystères de Paris, par E. Sue.		3 75
L'Homme aux trois Culottes, par Paul de Kock.	17	» 90
Les Mémoires d'un Page de la Cour impériale, par Em. Marco de Saint-Hilaire.	16	» 90
Rome souterraine, par Charles Didier.	22	1 10
Sathaniel, par Frédéric Soulié.	22	1 10
Le Vicomte de Béziers, par Fr. Soulié.	22	1 10

	vignettes.	fr. c.
L'Amoureux transi, par P. de Kock.		
Les Prisons de l'Europe, par Alboise et Maquet.	66	3 55
La Jolie Fille du Faubourg, par Paul de Kock.	25	1 10
Le Lion amoureux, par Fr. Soulié.	9	» 50
Les deux Cadavres, par Fr. Soulié.	21	1 10
Les Mémoires du Diable, par Fr. Soulié.	66	3 15
Les Crimes célèbres, par Al. Dumas, les 5 parties en un seul volume.	91	3 05
Les mêmes par séries brochées séparément comme suit :		
La Marquise de Brinvilliers, la Comtesse de Saint-Géran, Karl Sand, Murat, les Cenci, par Al. Dumas.	21	» 90
Marie Stuart, par Alex. Dumas.	14	» 70
Les Borgia, la Marquise de Ganges, par Alex. Dumas.	21	» 90
Les Massacres du Midi, Urbain Grandier, par Alex. Dumas.	21	1 10
Jeanne de Naples, Vaninka, par Al. Dumas.	14	» 70

MAGASIN THÉÂTRAL ET FRANCE DRAMATIQUE ILLUSTRÉS.

20 centimes chaque pièce complète.

EN VENTE :

Masséna, par Cogniard frères.	20 c.
La Faridondaine, par Dupeuty et Bourget.	20
Jean le Cocher, par Bouchardy.	20
La Fille de Mme Grégoire, par MM. Dela- porte et G. de Montheau.	20
Mercadet, par H. de Balzac.	20
Claudie, par Georges Sand.	20
La Marquise de Senneterre, par Mélesville et Duveyrier.	20
Le Verre d'eau, par E. Scribe.	20
La Pensionnaire mariée, par Scribe et Varner.	20
Les Rubans d'Yvonne, par Ch. Paul de Kock et L. Thiboust.	

Simple Histoire, p. E. Scribe et de Courcy.	20 c.
Un Bal du grand monde, par Varin et Duverger.	
Jenny l'Ouvrière, par de Courcelles et J. Barbier.	20
Le Riche et le Pauvre, par Émile Souvestre.	20
Les Enfants de troupe, p. Bayard et Biéville.	20
Les Pilules du Diable, par Anicet Bourgeois et F. Laloue.	20
Le Diplomate, par E. Scribe.	20
La Chanoinesse, par E. Scribe et Francis Cornu.	20
Le Mari de la Dame de Chœurs, par Duvert et Bayard.	20

25 *centimes la livraison.*

CHANTS ET CHANSONS POPULAIRES DE LA FRANCE.

Chaque livraison se compose de 4 belles vignettes sur acier et d'une grande quantité de chansons populaires grivoises, bachiques, militaires, romances, cantiques, complaintes historiques et burlesques.

L'Ouvrage sera complet en 80 livraisons. 50 livraisons sont en vente.

Paris. — Imprimerie de Mme Ve Dondey-Dupré, rue Saint-Louis, 46, au Marais.